배우고 익히는 논어 3

반듯반듯 고전 따라쓰기

배우고 익히는
논어

필사의 기쁨은 곧 깨달음의 기쁨이다 ──────● 성백효 著 3

공자께서 말씀하셨다.
"배우고 그것을 때때로(항상) 익히면 기쁘지 않겠는가?
벗이 있어 먼 곳으로부터 찾아온다면 즐겁지 않겠는가?
사람들이 나를 알아주지 않더라도 서운해 하지 않는다면 군자가 아니겠는가?"

한국인문고전연구소

1. 〈논어〉 문장 구절의 음을 읽어본다.

子曰 弟子 入則孝하고 出則弟하며
자 왈 제 자 입 즉 효   출 즉 제

謹而信하며 汎愛衆호되 而親仁이니
근 이 신   범 애 중   이 친 인

行有餘力이어든 則以學文이니라
행 유 여 력   즉 이 학 문

2. 읽은 문장의 '한자'를 따라 써본다.

子曰 弟子 入則孝하고 出則弟하며

謹而信하며 汎愛衆호되 而親仁이니

行有餘力이어든 則以學文이니라

3. 원고지 칸에 '한자'를 다시 써본다.

子	曰	弟	子	入	則	孝	出	則	弟		

4. 읽고 써본 문장이 어떤 뜻인지 음미한다.

> 공자께서 말씀하셨다.
> "제자가 들어가서는 효도하고, 밖에 나와서는 공손하며, 행실을 삼가고, 말을 성실하게 하며,
> 널리 사람들을 사랑하되 어진 사람을 친근히 대해야 하니, 이것을 행함에 여력(여가)이 있으면 그 여력을 이용하여 글을
> 배워야 한다."

5. 문장에 나온 한자 중 어려운 한자를 확인한다.

• 弟 공경할 제 謹 삼갈 근 汎 넓을 범 衆 무리 중 親 친할 친, 가까울 친 餘 남을 여

論
語

차례

서문

『배우고 익히는 논어』를 펴내며

《논어(論語)》는 약 2,500년 전, 공자(孔子)의 말씀과 제자들과의 문답, 제자들의 좋은 말씀을 기록한 책으로, 유가경전(儒家經傳)의 대표이며, 동양고전(東洋古典)의 최고봉이다. 내용이 그리 많지 않으면서도 유가의 사상을 깊이 있게 알 수 있다는 점에서 우리나라는 물론이요, 서구에서도 수많은 학자들이 연구하고 수십 종의 번역서가 나와 있다. 또한 자본주의의 폐해로 지적되는 황금만능주의를 치유할 수 있는 대안으로도 《논어》의 중요성이 부각되고 있다.

중국에서도 한때는 "비공(批孔)"이라 하여 공자를 비판하는 운동이 벌어졌으나, 지금은 공자의 학문을 적극 권장하여 소학교(小學校)에서까지 거의 모두 《논어》를 가르치고 있다. 지금 우리의 교육은 세계의 추세에 보조를 맞추지 못하고 아직도 영어공부나 서양철학이 최고인 것처럼 잘못 알고 있다.

요 근래 독서 문화가 필사로 이어지고 있다 한다. 답답한 일상에 벗어날 수 있는 여유와 함께 좋은 글을 읽고 따라 써보는 일거양득의 효과가 있기 때문이다. 대부분의 사람들이 TV나 스마트폰에 정신이 팔려 있어 독서를 하지 않는다. 이것을 교정하는 한 방법으로도 좋은 아이디어라 생각한다. 이에 어른은 물론이요, 어린이들까지도 《논어》에 나오는 내용과 한자(漢字)를 익히며, 반듯하게 글씨를 쓸 수 있도록 유도하기 위하여 『배우고 익히는 논어』를 출간하게 되었다.

요즘 한자를 공부하는 분들을 자주 접하게 된다. 하지만 한문(漢文)이 아닌 한자 공부는 열심히 노력하여 1급 이상의 급수를 취득한다 하여도 5~6개월이 지나고 나면 곧바로 잊게 된다. 이 책을 통해 정성스럽게 한자를 써 나가면서 《논어》의 글뜻까지 겸하여 알게 된다면, 동양학의 기초를 다지는 동시에 우리 선조들의 전통문화를 인식하는 데에도 큰 효과가 있을 것이라고 확신한다.

옛말에 "마음이 바르면 필획(筆劃)도 바르게 된다" 하였다. 요즘은 컴퓨터를 사용하여 글을 쓰다 보니, 글씨가 엉망이다. 그만큼 사고도 정리되지 못하고 행동거지도 바르지 못하다. 이 책을 익힘으로써 정신을 수양하여 마음의 안정을 되찾고 반듯한 사람이 되는 계기가 된다면 더 이상 바랄 것이 없겠다. 또한 열심히 학습한 이 책을 버리지 말고 오래도록 보관해 둔다면, 다시 한 번 자신을 돌아보는 좋은 자료가 될 것이다.

2015년 8월

저자 성 백 효 成百曉 씀

憲問 第十四

1_ 憲이 問恥한대 子曰 邦有道에
　　헌　문치　　자왈방유도

穀하며 邦無道에 穀이 恥也니라
곡　　방무도　　곡　치야

憲이 問恥한대 子曰 邦有道에

穀하며 邦無道에 穀이 恥也니라

----------● 원헌이 치욕(수치)을 묻자, 공자께서 대답하셨다.
　　　　"나라가 도(道)가 있을 때에 녹(祿)만 먹으며, 나라가 도가 없을 때에 녹을 먹는 것이 치욕스러운 일이다."

● 憲 법헌 恥 부끄러울 치 邦 나라 방 穀 녹봉곡

2—

克伐怨欲을 不行焉이면 可以爲仁矣잇가
극 벌 원 욕 　불 행 언 　가 이 위 인 의

子曰 可以爲難矣어니와 仁則吾不知也로라
자 왈 　가 이 위 난 의 　인 즉 오 부 지 야

克伐怨欲을 不行焉이면 可以爲仁矣잇가

子曰 可以爲難矣어니와 仁則吾不知也로라

• 원헌이 물었다.
"이기려 하고 자랑하고 원망하고 탐욕을 행하지 않으면 인(仁)이라고 할 수 있습니까?"
공자께서 말씀하셨다.
"어렵다고 할 수는 있으나 인인지는 내 알지 못하겠다."

• 伐 자랑할 벌 怨 원망할 원 難 어려울 난

3—

子曰 士而懷居면
자 왈 　사 이 회 거

不足以爲士矣니라
부 족 이 위 사 의

子曰 士而懷居면

不足以爲士矣니라

• 공자께서 말씀하셨다.
"선비로서 편안하기를 생각하면 선비라 할 수 없다."

• 懷 품을 회 居 편안할 거

4_ 子曰 邦有道엔 危言危行하고
자 왈 방 유 도   위 언 위 행

邦無道엔 危行言孫(遜)이니라
방 무 도   위 행 언 손 (손)

子曰 邦有道엔 危言危行하고

邦無道엔 危行言孫(遜)이니라

공자께서 말씀하셨다.
"나라가 도(道)가 있을 때에는 말을 높게 하고 행실을 높게 하며, 나라가 도가 없을 때에는 행실은 높게 하되 말은 낮게(공손하게) 하여야 한다."

• 危 높을 위 孫 공손할 손

10

5_ 子曰 有德者는 必有言이어니와
　　　자왈　유덕자　필유언

有言者는 不必有德이니라
유언자　　불필유덕

仁者는 必有勇이어니와
인자　　필유용

勇者는 不必有仁이니라
용자　　불필유인

子曰 有德者는 必有言이어니와

有言者는 不必有德이니라

仁者는 必有勇이어니와

勇者는 不必有仁이니라

공자께서 말씀하셨다.
"덕(德)이 있는 자는 반드시 훌륭한 말이 있지만 훌륭한 말이 있는 자는 반드시 덕이 있지는 못하다. 인자는 반드시 용기가
있지만 용기가 있는 자는 반드시 인(仁)이 있지는 못하다."

6_ 南宮适이 問於孔子曰 羿는 善射하고
남 궁 괄 문 어 공 자 왈 예 선 사

奡는 盪舟호되 俱不得其死하니이다
오 탕 주 구 부 득 기 사

然이나 禹稷은 躬稼而有天下하시니이다
연 우 직 궁 가 이 유 천 하

夫子不答이러시니 南宮适이 出커늘
부 자 부 답 남 궁 괄 출

子曰 君子哉라 若人이여 尙德哉라 若人이여
자 왈 군 자 재 약 인 상 덕 재 약 인

南宮适이 問於孔子曰 羿는 善射하고

奡는 盪舟호되 俱不得其死하니이다

然이나 禹稷은 躬稼而有天下하시니이다

夫子不答이러시니 南宮适이 出커늘

子曰 君子哉라 若人이여 尙德哉라 若人이여

- 남궁괄이 공자께 묻기를 "예는 활을 잘 쏘고 오는 힘이 세어 육지에서 배를 끌고 다녔지만 모두 제대로 죽지 못하였습니다. 그러나 우왕과 직은 몸소 농사를 지었는데도 천하를 소유하셨습니다." 하니, 부자께서 대답하지 않으셨다. 남궁괄이 밖으로 나가자, 공자께서 말씀하셨다. "군자로구나, 이 사람이여. 덕을 숭상하는구나, 이 사람이여."

- 适 빠를괄 羿 이름예 奡 이름오 盪 움직일탕 稷 피직 躬 몸소궁 稼 심을가 尙 높일상

7_ 子曰 君子而不仁者는
_{자왈 군자이불인자}

有矣夫어니와 未有小人而仁者也니라
_{유의부   미유소인이인자야}

子曰 君子而不仁者는

有矣夫어니와 未有小人而仁者也니라

공자께서 말씀하셨다.
"군자로서 인(仁)하지 못한 자는 있어도 소인으로서 인한 자는 있지 않다."

8_ 子曰 愛之인댄 能勿勞乎아
_{자왈 애지   능물로호}

忠焉인댄 能勿誨乎아
_{충언   능물회호}

子曰 愛之인댄 能勿勞乎아

忠焉인댄 能勿誨乎아

공자께서 말씀하셨다.
"사랑한다면 수고롭게 하지 않을 수 있겠는가. 충성한다면 가르쳐주지 않을 수 있겠는가."

- 誨 가르칠 회

9_ 子曰 爲命에 裨諶이 草創之하고
　　자왈 위명　비침　　초창지

世叔이 討論之하고
세숙　토론지

行人子羽 修飾之하고
행인자우　수식지

東里子産이 潤色之하니라
동리자산　윤색지

子曰 爲命에 裨諶이 草創之하고

世叔이 討論之하고

行人子羽 修飾之하고

東里子産이 潤色之하니라

공자께서 말씀하셨다.
"정(鄭)나라에서 사명(외교문서)을 만들 적에 비침이 초고를 만들고 세숙이 토론(검토)하고 행인인 자우가 수식을 하고 동리의 자산이 윤색을 하였다."

• 裨 도울비 諶 믿을침 草 대강초 創 비롯할창 潤 윤택할윤

10_ 或이 問子産한대 子曰 惠人也니라
혹　　문자산　　자왈　혜인야

問子西한대 曰 彼哉彼哉여
문자서　　왈　피재피재

問管仲한대 曰 人也 奪伯氏騈邑三百하여늘
문관중　　왈　인야　탈백씨병읍삼백

飯疏食호되 沒齒無怨言하니라
반소사　　몰치무원언

或이 問子産한대 子曰 惠人也니라

問子西한대 曰 彼哉彼哉여

問管仲한대 曰 人也 奪伯氏騈邑三百하여늘

飯疏食호되 沒齒無怨言하니라

혹자가 자산의 인품을 묻자, 공자께서 대답하셨다.
"은혜로운 사람이다."
자서를 묻자, 대답하셨다.
"저 사람이여, 저 사람이여."
관중을 묻자, 대답하셨다.
"이 사람은 백씨의 병읍 3백 호를 빼앗았는데, 백씨는 이 때문에 거친 밥을 먹었으나 평생을 마치도록 원망하는 말이 없었다."

• 奪 빼앗을 탈　騈 땅이름 병　飯 밥먹을 반　沒 다할 몰　齒 나이 치

11_ 子曰 貧而無怨은 難하고
　　　　자왈 빈이무원　난

富而無驕는 易하니라
부 이 무 교　　이

子曰 貧而無怨은 難하고

富而無驕는 易하니라

공자께서 말씀하셨다.
"가난하면서 원망이 없기는 어렵고, 부유하면서 교만이 없기는 쉽다."

● 驕 교만할 교

12_ 子曰 孟公綽이 爲趙魏老則優어니와
　　　　자왈 맹공작　위조위로즉우

不可以爲滕薛大夫니라
불 가 이 위 등 설 대 부

子曰 孟公綽이 爲趙魏老則優어니와

不可以爲滕薛大夫니라

공자께서 말씀하셨다.
"맹공작은 조씨와 위씨의 가로가 되는 것은 충분하지만 등(滕)나라와 설(薛)나라의 대부는 될 수 없다."

● 綽 너그러울 작　優 넉넉할 우　滕 나라이름 등　薛 나라이름 설

13-1 子路問成人한대 子曰 若臧武仲之知(智)와
자로문성인   자왈 약장무중지지(지)

公綽之不欲과 卞莊子之勇과 冉求之藝에
공작지불욕   변장자지용   염구지예

文之以禮樂이면 亦可以爲成人矣니라
문지이례악   역가이위성인의

子路問成人한대 子曰 若臧武仲之知(智)와

公綽之不欲과 卞莊子之勇과 冉求之藝에

文之以禮樂이면 亦可以爲成人矣니라

- 자로가 성인(완성된 사람)을 묻자, 공자께서 대답하셨다.
  "만일 장무중의 지혜와 맹공작의 탐욕하지 않음과 변장자의 용맹과 염구의 재예에 예악으로 문채를 낸다면
  이 또한 성인이라 할 수 있을 것이다."

- 臧 착할 장 卞 고을이름 변

13-2_ 曰 今之成人者는 何必然이리오
왈 금 지 성 인 자 하 필 연

見利思義하며 見危授命하며 久要에
견 리 사 의 견 위 수 명 구 요

不忘平生之言이면 亦可以爲成人矣니라
불 망 평 생 지 언 역 가 이 위 성 인 의

曰 今之成人者는 何必然이리오

見利思義하며 見危授命하며 久要에

不忘平生之言이면 亦可以爲成人矣니라

• 다시 말씀하셨다.
"지금의 성인은 어찌 굳이 그러할 것이 있겠는가. 이(利)를 보고 의(義)를 생각하며, 위태로움을 보고 목숨을 바치며,
오랜 약속에 평소의 말을 잊지 않는다면 또한 성인이라 할 수 있을 것이다."

• 授줄수 要약속할요 忘잊을망

18

14-1_ 子問公叔文子於公明賈曰
자 문 공 숙 문 자 어 공 명 가 왈

信乎夫子不言不笑不取乎아
신 호 부 자 불 언 불 소 불 취 호

子問公叔文子於公明賈曰

信乎夫子不言不笑不取乎아

공자께서 공숙문자의 인품을 공명가에게 물으셨다.
"참으로 부자께서는 말씀하지 않고 웃지 않고 취하지 않으시는가?"

● 賈 성가 信 진실로신 笑 웃을소

14-2_ 公明賈對曰 以告者過也로소이다
공 명 가 대 왈 이 고 자 과 야

夫子時然後言이라
부 자 시 연 후 언

人不厭其言하며 樂然後笑라
인 불 염 기 언 　　　 락 연 후 소

人不厭其笑하며 義然後取라
인 불 염 기 소 　　　 의 연 후 취

人不厭其取하나니이다
인 불 염 기 취

子曰 其然가 豈其然乎리오
자 왈 기 연 　　 기 기 연 호

公明賈對曰 以告者過也로소이다

夫子時然後言이라

人不厭其言하며 樂然後笑라

人不厭其笑하며 義然後取라

人不厭其取하나니이다

子曰 其然가 豈其然乎리오

• 厭 싫어할 염

15_ 子曰 臧武仲이 以防으로 求爲後於魯하니
자왈 장무중 이방 구위후어로

雖曰不要君이나 吾不信也하노라
수 왈 불 요 군 오 불 신 야

子曰 臧武仲이 以防으로 求爲後於魯하니

雖曰不要君이나 吾不信也하노라

공자께서 말씀하셨다.
"장무중이 방읍을 가지고 노(魯)나라에게 후계자를 세워줄 것을 요구하였으니, 비록 임금에게 강요하지 않았다고 말하나 나는 믿지 않노라."

• 臧 착할 장 要 요구할 요

16_ 子曰
자 왈

晉文公은 譎而不正하고
진 문 공　 휼 이 부 정

齊桓公은 正而不譎하니라
제 환 공　 정 이 불 휼

공자께서 말씀하셨다.
"진문공은 속이고 바르지 않았으며, 제환공은 바르고 속이지 않았다."

• 譎 속일 휼

17_ 子路曰 桓公이 殺公子糾어늘 召忽은 死之하고
자로왈환공 살공자규 소홀 사지

管仲은 不死하니 曰 未仁乎인저
관중 불사 왈 미인호

子曰 桓公이 九(糾)合諸侯호되 不以兵車는
자왈환공 규(규)합제후 불이병거

管仲之力也니 如其仁, 如其仁이리오
관중지력야 여기인 여기인

子路曰 桓公이 殺公子糾어늘 召忽은 死之하고

管仲은 不死하니 曰 未仁乎인저

子曰 桓公이 九(糾)合諸侯호되 不以兵車는

管仲之力也니 如其仁, 如其仁이리오

자로가 말하였다.

"환공이 공자 규를 죽이자, 소홀은 죽었고 관중은 죽지 않았으니, 관중은 인(仁)하지 못할 것입니다."

공자께서 말씀하셨다.

"환공이 제후들을 규합하되 병거(무력)를 쓰지 않은 것은 관중의 힘이었으니, 누가 그의 인만 하겠는가. 누가 그의 인만 하겠는가."

• 糾 살필규 忽 갑자기홀 九 모을규 侯 제후후

18_ 子貢曰 管仲은 非仁者與인저
자공왈 관중 비인자여

桓公이 殺公子糾어늘 不能死요 又相之온여
환공 살공자규 불능사 우상지

子曰 管仲이 相桓公霸諸侯하여 一匡天下하니
자왈 관중 상환공패제후 일광천하

民到于今히 受其賜하나니
민도우금 수기사

微管仲이면 吾其被髮左衽矣러니라
미관중 오기피발좌임의

豈若匹夫匹婦之爲諒也하여
기약필부필부지위량야

自經於溝瀆而莫之知也리오
자경어구독이막지지야

子貢曰 管仲은 非仁者與인저

桓公이 殺公子糾어늘 不能死요 又相之온여

子曰 管仲이 相桓公霸諸侯하여 一匡天下하니

民到于今히 受其賜하나니

微管仲이면 吾其被髮左衽矣러니라

豈若匹夫匹婦之爲諒也하여

自經於溝瀆而莫之知也리오

자공이 말하였다.
"관중은 인자가 아닐 것입니다. 환공이 공자 규를 죽였는데, 죽지 못하고 또 환공을 도와주었습니다."
공자께서 말씀하셨다.
"관중이 환공을 도와 제후의 패자가 되게 하여 한 번 천하를 바로잡아 백성들이 지금까지 그 혜택을 받고 있으니, 관중이 없었다면 나(우리)는 머리를 풀고 옷깃을 왼편으로 하는 오랑캐가 되었을 것이다. 어찌 필부·필부들이 작은 신의를 행하여 스스로 목매 죽어서 시신이 도랑에 뒹굴어도 사람들이 알아주는 이가 없는 것과 같이 하겠는가."

- 相 도울 상　霸 으뜸 패　匡 바로잡을 광　賜 은덕 사　微 없을 미　被 풀어헤칠 피　衽 옷깃 임　匹 짝 필　諒 믿을 량　經 목맬 경　溝 도랑 구　瀆 도랑 독

19_ 公叔文子之臣大夫僎이
공 숙 문 자 지 신 대 부 선

與文子로 同升諸公이러니
여 문 자 동 승 제 공

子聞之하시고 曰 可以爲文矣로다
자 문 지 왈 가 이 위 문 의

公叔文子之臣大夫僎이

與文子로 同升諸公이러니

子聞之하시고 曰 可以爲文矣로다

공숙문자의 가신인 대부 선이 문자와 함께 공조에 올랐는데, 공자께서 들으시고 말씀하셨다.
"시호를 문(文)이라고 할 만하다."

• 僎이름선 升오를승

20_ 子言衛靈公之無道也러시니
자 언 위 령 공 지 무 도 야

康子曰 夫如是로되 奚而不喪이니잇고
강 자 왈 부 여 시　　해 이 불 상

孔子曰 仲叔圉는 治賓客하고
공 자 왈 중 숙 어　　치 빈 객

祝鮀는 治宗廟하고 王孫賈는 治軍旅하니
축 타　　치 종 묘　　왕 손 가　　치 군 려

夫如是어니 奚其喪이리오
부 여 시　　해 기 상

子言衛靈公之無道也러시니

康子曰 夫如是로되 奚而不喪이니잇고

孔子曰 仲叔圉는 治賓客하고

祝鮀는 治宗廟하고 王孫賈는 治軍旅하니

夫如是어니 奚其喪이리오

- 공자께서 위 령공의 무도함을 말씀하시니, 강자가 말하였다.
"이와 같은데도 어찌하여 지위를 잃지 않습니까?"
공자께서 말씀하셨다.
"중숙어는 빈객(외교)을 다스리고 축타는 종묘를 다스리고 왕손가는 군대를 다스린다.
이와 같으니 어찌 그 지위를 잃겠는가."

- 喪 잃을 상 圉 변방 어 鮀 모래무지 타 旅 군대 려, 무리 려

21_ 子曰
자 왈

其言之不怍이면
기 언 지 부 작

則爲之也 難하니라
즉 위 지 야 난

子曰

其言之不怍이면

則爲之也 難하니라

-------- • 공자께서 말씀하셨다.
"말하는 것을 부끄러워하지 않으면 실천하기 어렵다."

• 怍 부끄러울 작

22-1_ 陳成子弑簡公이어늘
　　　진 성 자 시 간 공

孔子沐浴而朝하사 告於哀公曰
공 자 목 욕 이 조　　　고 어 애 공 왈

陳恒이 弑其君하니 請討之하소서
진 항　　시 기 군　　청 토 지

公曰 告夫三子하라
공 왈 고 부 삼 자

陳成子弑簡公이어늘

孔子沐浴而朝하사 告於哀公曰

陳恒이 弑其君하니 請討之하소서

公曰 告夫三子하라

진성자가 간공을 시해하자, 공자께서 목욕하고 조회하시어 애공에게 아뢰셨다.
　"진항이 군주를 시해하였으니, 토벌하소서."
애공이 말하였다.
　"저 삼자에게 말하라."

• 簡 죽간 간 沐 머리감을 목 浴 목욕할 욕 討 칠 토

22-2_ 孔子曰 以吾從大夫之後라
공자왈 이오종대부지후

不敢不告也호니 君曰 告夫三子者온여
불감불고야 군왈 고부삼자자

之三子하여 告하신대 不可라하여늘
지삼자 고 불가

孔子曰 以吾從大夫之後라
공자왈 이오종대부지후

不敢不告也니라
불감불고야

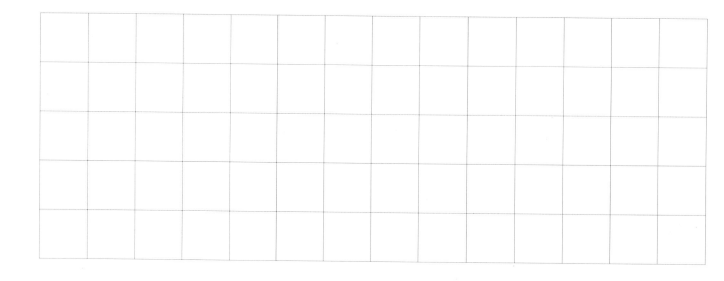

孔子曰 以吾從大夫之後라

不敢不告也호니 君曰 告夫三子者온여

之三子하여 告하신대 不可라하여늘

孔子曰 以吾從大夫之後라

不敢不告也니라

공자께서 말씀하셨다.
"내가 대부의 뒤(말석)를 따랐기 때문에 감히 아뢰지 않을 수 없었는데, 군주께서 저 삼자에게 말하라고 하시는구나."
삼자에게 가서 말씀하셨는데 불가하다고 하자, 공자께서 말씀하셨다.
"내가 대부의 뒤를 따랐기 때문에 감히 말하지 않을 수 없었다."

23_ 子路問事君한대
자 로 문 사 군

子曰 勿欺也요 而犯之니라
자 왈 물 기 야 이 범 지

子路問事君한대

子曰 勿欺也요 而犯之니라

- 자로가 군주 섬기는 것을 묻자, 공자께서 대답하셨다.
  "속이지 말고 안색(얼굴)을 범하여 간쟁해야 한다."

- 欺 속일 기 犯 범할 범

24_ 子曰 君子는 上達하고
자 왈 군 자 상 달

小人은 下達이니라
소 인 하 달

子曰 君子는 上達하고

小人은 下達이니라

- 공자께서 말씀하셨다.
  "군자는 위로 통달하고, 소인은 아래로 통달한다."

25_ 子曰
자 왈

古之學者는 爲己러니
고 지 학 자　　 위 기

今之學者는 爲人이로다
금 지 학 자　　 위 인

子曰

古之學者는 爲己러니

今之學者는 爲人이로다

공자께서 말씀하셨다.
"옛날에 배우는 자들은 자신을 위하였는데, 지금에 배우는 자들은 남을 위한다."

- 爲 위할 위

26 蘧伯玉이 使人於孔子어늘
거백옥 　　시인어공자

孔子與之坐而問焉曰 夫子何爲오
공자여지좌이문언왈 부자하위

對曰 夫子欲寡其過而未能也니이다
대왈 부자욕과기과이미능야

使者出커늘 子曰 使乎使乎여
시자출 　자왈 시호시호

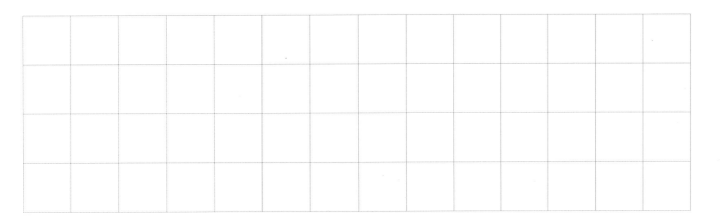

거백옥이 사람을 공자께 심부름 보내자,
공자께서 그와 함께 앉아서 물으시기를 "부자(거백옥)께서는 무엇을 하시는가?" 하시자,
대답하기를 "부자께서는 허물을 적게 하려고 하시지만 아직 능하지 못하십니다." 하였다.
사자가 나가자, 공자께서 말씀하셨다.
"훌륭한 사자이구나! 훌륭한 사자이구나!"

• 蘧 풀이름 거 使 심부름보낼 시 寡 적을 과

27_ 子曰 不在其位하여는
자 왈 부 재 기 위

不謀其政이니라
불 모 기 정

子曰 不在其位하여는

不謀其政이니라

공자께서 말씀하셨다.
"그 지위에 있지 않으면 그 정사를 도모하지 않는다."

28_ 曾子曰
증 자 왈

君子는 思不出其位니라
군 자 사 불 출 기 위

曾子曰

君子는 思不出其位니라

증자가 말씀하였다.
"군자는 생각함이 그 지위(위치)를 벗어나지 않는다."

• 出 날 출, 벗어날 출

29_ 子曰 君子는
자 왈 군 자

恥其言而過其行이니라
치 기 언 이 과 기 행

子曰 君子는

恥其言而過其行이니라

--------• 공자께서 말씀하셨다.
"군자는 말을 부끄러워하고(조심하고) 행실을 말보다 더한다."

• 過 지날 과

30_ 子曰 君子道者三에 我無能焉호니
자왈 군자 도자삼 아 무 능 언

仁者는 不憂하고
인자 불우

知(智)者는 不惑하고 勇者는 不懼니라
지 (지) 자 불혹 용자 불구

子貢曰 夫子自道也샷다
자공왈 부자자도아

子曰 君子道者三에 我無能焉호니

仁者는 不憂하고

知(智)者는 不惑하고 勇者는 不懼니라

子貢曰 夫子自道也샷다

공자께서 말씀하셨다.
"군자의 도(道)가 셋인데 나는 능한 것이 없으니, 인자는 근심하지 않고 지자는 의혹하지 않고 용자는 두려워하지 않는다."
자공이 말하였다.
"부자께서 스스로 하신 겸사이시다."

• 憂 근심할 우 惑 미혹할 혹 懼 두려워할 구

31_ 子貢이 方人하더니
자공 방인

子曰 賜也는 賢乎哉아 夫我則不暇로라
자왈 사야 현호재 부아즉불가

子貢이 方人하더니

子曰 賜也는 賢乎哉아 夫我則不暇로라

- 자공이 사람(인물)을 비교하였는데, 공자께서 말씀하셨다.
  "사(자공)는 어진가보다. 나는 그럴 겨를이 없노라."

- 方 비교할방 暇 겨를 가

32_ 子曰 不患人之不己知요
자왈 불환인지불기지

患其不能也니라
환기불능야

子曰 不患人之不己知요

患其不能也니라

- 공자께서 말씀하셨다.
  "남이 나를 알아주지 않음을 걱정하지 말고, 자신의 능하지 못함을 걱정해야 한다."

33_ 子曰 不逆詐하며
자 왈 불 역 사

不億(臆)不信이나
불 억 (억) 불 신

抑亦先覺者 是賢乎인저
억 역 선 각 자 시 현 호

子曰 不逆詐하며

不億(臆)不信이나

抑亦先覺者 是賢乎인저

공자께서 말씀하셨다.
"남이 나를 속일까 역탐(미리 짐작)하지 않고 남이 나를 믿어주지 않을까 억측하지 않으나 또한
먼저 깨닫는 자가 어질 것이다."

• 逆 미리헤아릴 역 詐 속일 사 億 억측할 억

34_ 微生畝 謂孔子曰
미생묘 위공자왈

丘는 何爲是栖栖者與오
구 하위시서서자여

無乃爲佞乎아
무내위녕호

孔子曰 非敢爲佞也라
공자왈 비감위녕야

疾固也니라
질고야

微生畝 謂孔子曰

丘는 何爲是栖栖者與오

無乃爲佞乎아

孔子曰 非敢爲佞也라

疾固也니라

미생무가 공자께 말하였다.
"구는 어찌하여 이리도 연연해 하는가. 말재주를 부리는 것이 아닌가."
공자께서 말씀하셨다.
"내 감히 말재주를 부리는 것이 아니라 고집불통을 미워하는 것입니다."

• 栖 편치않을 서 佞 말잘할녕 疾 미워할 질 固 고집할 고

35_ 子曰 驥는
　　 자 왈 　 기

不稱其力이라 稱其德也니라
불 칭 기 력 　　 칭 기 덕 야

子曰 驥는

不稱其力이라 稱其德也니라

공자께서 말씀하셨다.
"기마는 그 힘을 칭찬하는 것이 아니라 그 덕(德)을 칭찬하는 것이다."

• 驥 준마 기 稱 칭찬할 칭

36_ 或曰 以德報怨이 何如하니잇고
　　 혹 왈 이 덕 보 원 　　 하 여

子曰 何以報德고 以直報怨이요
자 왈 하 이 보 덕 　　 이 직 보 원

以德報德이니라
이 덕 보 덕

或曰 以德報怨이 何如하니잇고

子曰 何以報德고 以直報怨이요

以德報德이니라

- - - - - - - • 혹자가 말하였다.
　　　　　　 "덕(은덕)으로써 원망(원한)을 갚는 것이 어떻습니까?"
　　　　　　 공자께서 말씀하셨다.
　　　　　　 "무엇으로써 덕을 갚을까, 정직함으로써 원망을 갚고, 덕으로써 덕을 갚아야 한다."

　　 • 報 갚을 보

37_ 子曰 莫我知也夫인저
　　　자왈 막아지야부

子貢曰 何爲其莫知子也잇고
자공왈 하위기막지자야

子曰 不怨天하며 不尤人이요
자왈 불원천　　　불우인

下學而上達하노니
하학이상달

知我者는 其天乎인저
지아자　　기천호

子曰 莫我知也夫인저

子貢曰 何爲其莫知子也잇고

子曰 不怨天하며 不尤人이요

下學而上達하노니

知我者는 其天乎인저

공자께서 말씀하셨다. "나를 알아주는 이가 없구나."
자공이 말하였다. "어찌하여 선생님을 알아주는 이가 없는 것입니까?" 하자, 공자께서 말씀하셨다.
"나는 하늘을 원망하지 않으며, 사람을 탓하지 않고, 아래로 인간의 일을 배우면서 위로는 천리를 통달하노니, 나를 알아
주는 것은 하늘이실 것이다."

• 尤 허물할 우

38-1_ 公伯寮 愬子路於季孫이어늘
공 백 료 소 자 로 어 계 손

子服景伯이 以告曰
자 복 경 백   이 고 왈

夫子固有惑志於公伯寮하나니
부 자 고 유 혹 지 어 공 백 료

吾力이 猶能肆諸市朝니이다
오 력   유 능 사 저 시 조

公伯寮 愬子路於季孫이어늘

子服景伯이 以告曰

夫子固有惑志於公伯寮하나니

吾力이 猶能肆諸市朝니이다

공백료가 계손에게 자로를 참소하자, 자복경백이 공자께 아뢰기를
"부자(계손)께서 진실로 공백료의 말에 의혹하는 마음을 품고 계시니, 내 힘이 그래도 공백료의 시신을 시조(길거리)에 늘어놓을 수 있습니다." 하였다.

• 寮 동료 료 愬 참소할 소 景 볕 경 惑 의혹할 혹 肆 베풀 사

38-2_ 子曰 道之將行也與도 命也며
자왈 도 지 장 행 야 여 명 야

道之將廢也與도 命也니
도 지 장 폐 야 여 명 야

公伯寮其如命何리오
공 백 료 기 여 명 하

子曰 道之將行也與도 命也며

道之將廢也與도 命也니

公伯寮其如命何리오

공자께서 말씀하셨다.
"도(道)가 장차 행해지는 것도 명(命)이며 도가 장차 폐해지는 것도 명이니, 공백료가 그 명에 어쩌겠는가."

• 廢 폐할 폐

44

39_ 子曰 賢者는 辟(避)世하고 其次는 辟地하고
자왈 현자 피 (피) 세 기 차 피 지

其次는 辟色하고 其次는 辟言이니라
기 차 피 색 기 차 피 언

子曰 賢者는 辟(避)世하고 其次는 辟地하고

其次는 辟色하고 其次는 辟言이니라

공자께서 말씀하셨다.

"현자는 세상을 피하고, 그 다음은 지역을 피하고, 그 다음은 용색을 보고 피하고, 그 다음은 말을 어기면 피한다."

- 辟 피할 피

40_ 子曰 作者七人矣로다
자 왈 작 자 칠 인 의

子曰 作者七人矣로다

공자께서 말씀하셨다.

"일어나 은둔한 자가 일곱 사람이다."

- 作 일어날 작

41_ 子路宿於石門이러니
자 로 숙 어 석 문

晨門日 奚自오
신 문 왈 해 자

子路日 自孔氏로라
자 로 왈 자 공 씨

日 是知其不可而爲之者與아
왈 시 지 기 불 가 이 위 지 자 여

子路宿於石門이러니

晨門日 奚自오

子路日 自孔氏로라

日 是知其不可而爲之者與아

자로가 석문에서 유숙하였는데, 신문이 묻기를 "어디에서 왔는가?" 하자,
자로가 "공씨에게서 왔소."라고 대답하니, "바로 불가한 줄을 알면서도 하는 자인가" 하였다.

• 晨 새벽 신

42-1_ 子擊磬於衛러시니
　　　 자 격 경 어 위

有荷蕢而過孔氏之門者曰
유 하 궤 이 과 공 씨 지 문 자 왈

有心哉라 擊磬乎여 旣而요
유 심 재　　 격 경 호　 기 이

子擊磬於衛러시니

有荷蕢而過孔氏之門者曰

有心哉라 擊磬乎여 旣而요

- - - - - - - - 공자께서 위(衛)나라에서 경쇠를 치셨는데, 삼태기를 메고 공씨의 문 앞을 지나가는 자가 듣고서 말하였다.
　　　　　　"마음이 천하에 있구나, 경쇠를 두드림이여."

• 磬 경쇠경 荷 멜하 蕢 삼태기궤

42-2_ 日 鄙哉라 硜硜乎여
왈 비 재 경 경 호

莫己知也어든 斯已而已矣니
막 기 지 야 사 이 이 이 의

深則厲요 淺則揭니라
심 즉 려 천 즉 게

子曰 果哉라 末之難矣니라
자 왈 과 재 말 지 난 의

日 鄙哉라 硜硜乎여

莫己知也어든 斯已而已矣니

深則厲요 淺則揭니라

子曰 果哉라 末之難矣니라

조금 있다가 말하였다.
"비루하다, 너무 확고하구나. 자신을 알아주는 이가 없으면 그만둘 뿐이니, 물이 깊으면 옷을 벗고 건너고 얕으면 옷을 걷고 건너야 하는 것이다."
공자께서 말씀하셨다.
"과감하구나, 어려울 것이 없겠구나."

• 鄙 비루할 비 硜 단단할 경 厲 옷벗고건널 려 揭 옷걷고건널 게 果 과감할 과 末 없을 말

48

43_ 子張曰 書云 高宗이
자장왈 서운 고종

諒陰三年不言이라하니 何謂也잇고
양암삼년불언 하위야

子曰 何必高宗이리오
자왈 하필고종

古之人이 皆然하니 君薨이어든
고 지 인 개연 군 홍

百官이 總己하여 以聽於冢宰三年하니라
백관 총기 이청어총재삼년

子張曰 書云 高宗이

諒陰三年不言이라하니 何謂也잇고

子曰 何必高宗이리오

古之人이 皆然하니 君薨이어든

百官이 總己하여 以聽於冢宰三年하니라

> 자장이 말하였다.
> "《서경》〈열명〉에 이르기를 '고종이 양암에서 3년 동안 말하지 않았다.' 하니, 무엇을 말한 것입니까?"
> 공자께서 말씀하셨다.
> "하필 고종 뿐이겠는가. 옛사람이 다 그리하였으니, 군주가 죽으면 백관들이 자신의 직책을 총괄하여 총재에게 명령을 듣기를 3년 동안 하였다."

• 陰 어둘 암 薨 죽을 훙 總 묶을 총 冢 클 총 宰 재상 재

44_ 子曰
자 왈

上好禮則民易使也니라
상 호 례 즉 민 이 사 야

子曰

上好禮則民易使也니라

공자께서 말씀하셨다.
"윗사람이 예(禮)를 좋아하면 백성을 부리기 쉽다."

- 使 부릴 사

45 子路問君子한대 子曰 修己以敬이니라
자로문군자　　　자왈　수기이경

曰 如斯而已乎잇가 曰 修己以安人이니라
왈　여사이이호　　왈　수기이안인

曰 如斯而已乎잇가 曰 修己以安百姓이니
왈　여사이이호　　왈　수기이안백성

修己以安百姓은 堯舜도 其猶病諸시니라
수기이안백성　　요순　기유병저

子路問君子한대 子曰 修己以敬이니라

曰 如斯而已乎잇가 曰 修己以安人이니라

曰 如斯而已乎잇가 曰 修己以安百姓이니

修己以安百姓은 堯舜도 其猶病諸시니라

● 자로가 군자에 대하여 물으니, 공자께서 "경(敬)으로써 자신을 닦는 것이다." 하셨다.

자로가 "이와 같을 뿐입니까?" 하고 묻자, "자신을 닦아서 사람을 편안하게 하는 것이다." 하셨다.

다시 "이와 같을 뿐입니까?" 하고 묻자, 다음과 같이 말씀하셨다.

"자신을 닦아서 백성을 편안하게 하는 것이니, 자신을 닦아서 백성을 편안하게 함은 요순께서도 오히려 부족하게 여기셨다."

● 病 부족할 병

46_ 原壤이 夷俟러니 子曰
원 양 이 사 자 왈

幼而不孫弟(遜悌)하며 長而無述焉이요
유 이 불 손 제 (손 제) 장 이 무 술 언

老而不死 是爲賊이라하시고 以杖叩其脛하시다
노 이 불 사 시 위 적 이 장 고 기 경

원양이 걸터앉아서 공자를 기다리니, 공자께서 말씀하시기를
"어려서 공손하지 않고, 장성해서 칭찬할 만한 일이 없고, 늘어서 죽지 않는 것이 바로 적이다." 하시고,
지팡이로 그의 정강이를 치셨다.

• 壤 흙덩이 양 夷 걸터앉을 이 俟 기다릴 사 孫 공손할 손 述 말할 술 杖 지팡이 장 叩 두드릴 고 脛 정강이뼈 경

47_ 闕黨童子將命이어늘
궐 당 동 자 장 명

或이 問之曰 益者與잇가
혹 문 지 왈 익 자 여

子曰 吾見其居於位也하며
자 왈 오 견 기 거 어 위 야

見其與先生並行也호니
견 기 여 선 생 병 행 야

非求益者也라 欲速成者也니라
비 구 익 자 야 욕 속 성 자 야

闕黨童子將命이어늘

或이 問之曰 益者與잇가

子曰 吾見其居於位也하며

見其與先生並行也호니

非求益者也라 欲速成者也니라

궐당의 동자가 명령을 전달하자, 혹자가 묻기를 "학문이 진전된 자입니까?" 하였다.
공자께서 말씀하셨다.
"나는 그가 자리에 앉아 있는 것을 보았으며 선생과 나란히 걸어가는 것을 보았으니,
학문에 진전을 구하는 자가 아니라 빨리 이루고자 하는 자이다."

• 闕 대궐 궐 將 전할 장

衛靈公 第十五

1__ 衛靈公이 問陳(陣)於孔子한대
위 령 공 문 진 (진) 어 공 자

孔子對日 俎豆之事는 則嘗聞之矣어니와
공 자 대 왈 조 두 지 사 즉 상 문 지 의

軍旅之事는 未之學也라하시고
군 려 지 사 미 지 학 야

明日에 遂行하시다 在陳絶糧하니
명 일 수 행 재 진 절 량

從者病하여 莫能興이러니
종 자 병 막 능 흥

子路慍見日 君子亦有窮乎잇가
자 로 온 현 왈 군 자 역 유 궁 호

子日 君子는 固窮이니 小人은 窮斯濫矣니라
자 왈 군 자 고 궁 소 인 궁 사 람 의

衛靈公이 問陳(陣)於孔子한대

孔子對日 俎豆之事는 則嘗聞之矣어니와

軍旅之事는 未之學也라하시고

明日에 遂行하시다 在陳絶糧하니

從者病하여 莫能興이러니

子路慍見日 君子亦有窮乎잇가

子日 君子는 固窮이니 小人은 窮斯濫矣니라

• 위령공이 공자에게 진법을 묻자, 공자께서 대답하시기를
"조두(예기)에 대한 일은 일찍이 들었지만 군대에 관한 일은 배우지 못하였다." 하시고, 다음날 마침내 떠나셨다.
진(陳)나라에 계시면서 양식이 떨어지니, 종자들이 병들어 일어나지 못하였다.
자로가 성난 얼굴로 공자를 뵙고는 "군자도 궁할 때가 있습니까?" 하고 묻자, 공자께서 말씀하셨다.
"군자는 진실로 궁한 때가 있으니, 소인은 궁하면 넘친다."

• 陳 진칠 진 俎 제기 조 豆 제기 두 旅 군사 려 絕 끊을 절 糧 양식 량 興 일어날 흥 慍 성낼 온 固 진실로 고, 견고할 고
濫 넘칠 람

2— 子曰 賜也아
자왈 사야

女以予爲多學而識之者與아
여이여위다학이지지자여

對曰 然하이다 非與잇가
대왈 연 비여

曰 非也라 予는 一以貫之니라
왈 비야 여 일이관지

子曰 賜也아

女以予爲多學而識之者與아

對曰 然하이다 非與잇가

曰 非也라 予는 一以貫之니라

공자께서 말씀하시기를 "사야. 너는 나를 많이 배우고 그것을 기억하는 자라고 여기느냐" 하시자,
자공이 대답하였다.
"그렇습니다. 아닙니까?"
공자께서 말씀하셨다.
"아니다. 나는 하나의 이치가 모든 사물을 꿰뚫는다."

• 識 기억할지

3_ 子曰 由아 知德者 鮮矣니라
자왈 유 지덕자 선 의

子曰 由아 知德者 鮮矣니라

공자께서 말씀하셨다.
"유야, 덕(德)을 아는 자가 드물다."

- 鮮 적을 선

4_ 子曰 無爲而治者는 其舜也與신저
자왈 무위이치자 기 순 야 여

夫何爲哉시리오 恭己正南面而已矣시니라
부 하 위 재 공 기 정 남 면 이 이 의

子曰 無爲而治者는 其舜也與신저

夫何爲哉시리오 恭己正南面而已矣시니라

공자께서 말씀하셨다.
"무위로(저절로) 다스리신 자는 순(舜)임금이실 것이다. 무엇을 하였겠는가?
몸을 공손히 하고 바르게 남면을 하였을 뿐이셨다."

- 已 뿐이

5-1 子張이 問行한대 子曰 言忠信하며
자장 문행 자왈 언충신

行篤敬이면 雖蠻貊之邦이라도 行矣어니와
행 독 경 수 만 맥 지 방 행 의

言不忠信하며 行不篤敬이면
언 불 충 신 행 부 독 경

雖州里나 行乎哉아
수 주 리 행 호 재

子張이 問行한대 子曰 言忠信하며

行篤敬이면 雖蠻貊之邦이라도 行矣어니와

言不忠信하며 行不篤敬이면

雖州里나 行乎哉아

자장이 행해짐을 묻자, 공자께서 말씀하셨다.
"말이 충신하고 행실이 독경(독후하고 공경함)하면 비록 오랑캐의 나라라 하더라도 행해질 수 있지만
말이 충신하지 못하고 행실이 독경하지 못하면 자신이 사는 주리라 하더라도 행해지겠는가."

• 篤 도타울 독 蠻 오랑캐 만 貊 오랑캐 맥 邦 나라 방

5-2_ 立則見其參於前也요
입 즉 견 기 참 어 전 야

在興則見其倚於衡也니
재 여 즉 견 기 의 어 형 야

夫然後에 行이니라
부 연 후 행

子張이 書諸紳하니라
자 장 서 저 신

立則見其參於前也요

在興則見其倚於衡也니

夫然後에 行이니라

子張이 書諸紳하니라

"서 있으면 그것(충신과 독경)이 앞에 참여함을 볼 수 있고, 수레에 있으면 그것이 멍에에 기대고 있음을 볼 수 있어야
하니, 이와 같이 한 뒤에야 행해지는 것이다."
자장이 이 말씀을 띠에 썼다.

• 參 참여할 참 興 수레 여 倚 기댈 의 衡 멍에 형 書 쓸 서 紳 큰띠 신

6_ 子曰 直哉라 史魚여
자왈 직재 사어

邦有道에 如矢하며 邦無道에 如矢로다
방유도 여시 방무도 여시

君子哉라 蘧伯玉이여 邦有道則仕하고
군자재 거백옥 방유도즉사

邦無道則可卷而懷之로다
방무도즉가권이회지

子曰 直哉라 史魚여

邦有道에 如矢하며 邦無道에 如矢로다

君子哉라 蘧伯玉이여 邦有道則仕하고

邦無道則可卷而懷之로다

공자께서 말씀하셨다.
"정직하다, 사어여. 나라에 도(道)가 있을 때에도 화살처럼 곧으며, 나라에 도가 없을 때에도 화살처럼 곧도다.
군자답다, 거백옥이여.
나라에 도가 있으면 벼슬하고, 나라에 도가 없으면 거두어 품어(감추어) 두는구나."

• 直 곧을 직 矢 화살 시 蘧 풀이름 거 卷 거둘 권 懷 품을 회

7_ 子曰 可與言而不與之言이면 失人이요
자왈 가 여 언 이 불 여 지 언　　　실 인

不可與言而與之言이면 失言이니
불 가 여 언 이 여 지 언　　　실 언

知(智)者는 不失人하며 亦不失言이니라
지 (지) 자　　불 실 인　　　역 불 실 언

子曰 可與言而不與之言이면 失人이요

不可與言而與之言이면 失言이니

知(智)者는 不失人하며 亦不失言이니라

공자께서 말씀하셨다.
"더불어 말할 만한데도 더불어 말하지 않으면 사람을 잃고,
더불어 말할 만하지 않은데도 더불어 말하면 말을 잃으니,
지혜로운 자는 사람을 잃지 않으며 또한 말을 잃지 않는다."

8_ 子曰 志士仁人은
자 왈 지 사 인 인

無求生以害仁이요
무 구 생 이 해 인

有殺身以成仁이니라
유 살 신 이 성 인

子曰 志士仁人은

無求生以害仁이요

有殺身以成仁이니라

공자께서 말씀하셨다.
"지사와 인인은 삶을 구하여 인(仁)을 해침은 없고, 몸을 죽여 인을 이루는 경우는 있다."

9__ 子貢이 問爲仁한대
　　 자공　문위인

　　 子曰 工欲善其事인댄
　　 자왈　공욕선기사

　　 必先利其器니 居是邦也하여
　　 필선리기기　거시방야

　　 事其大夫之賢者하며 友其士之仁者니라
　　 사기대부지현자　　우기사지인자

子貢이 問爲仁한대

子曰 工欲善其事인댄

必先利其器니 居是邦也하여

事其大夫之賢者하며 友其士之仁者니라

● 자공이 인(仁)을 행함을 묻자, 공자께서 말씀하셨다.
　"공인이 그 일을 잘하려면 반드시 먼저 그 기구(연장)를 예리하게 만들어야 하니,
　이 나라에 살면서 이 나라 대부의 어진 자를 섬기며, 이 나라 사의 인한 자를 벗삼아야 한다."

● 善 잘할 선 利 날카로울 리 器 도구 기

10_ 顔淵이 問爲邦한대
안 연 문 위 방

子曰 行夏之時하며
자 왈 행 하 지 시

乘殷之輅하며 服周之冕하며 樂則韶舞요
승 은 지 로   복 주 지 면   악 즉 소 무

放鄭聲하며 遠佞人이니
방 정 성   원 녕 인

鄭聲은 淫하고 佞人은 殆나라
정 성 음   녕 인 태

顔淵이 問爲邦한대

子曰 行夏之時하며

乘殷之輅하며 服周之冕하며 樂則韶舞요

放鄭聲하며 遠佞人이니

鄭聲은 淫하고 佞人은 殆나라

안연이 나라를 다스리는 것을 묻자, 공자께서 말씀하셨다.
"하(夏)나라의 시(책력)를 행하며, 은(殷)나라의 수레를 타며,
주(周)나라의 면류관을 쓰며, 음악은 소무를 할 것이요,
정(鄭)나라 음악을 추방하며 말재주 있는 사람을 멀리 해야 하니,
정나라 음악은 음탕하고 말 잘하는 사람은 위태롭다."

• 爲 다스릴 위 殷 은나라 은 輅 수레 로 冕 면류관 면 韶 풍류이름 소 舞 춤출 무 放 내칠 방 佞 아첨할녕, 말잘할녕
淫 음란할음 殆 위태할 태

64

11_ 子曰
자 왈

人無遠慮면 必有近憂니라
인 무 원 려　필 유 근 우

子曰

人無遠慮면 必有近憂니라

공자께서 말씀하셨다.
"사람이 먼 생각이 없으면 반드시 가까운 근심이 있다."

- 慮 생각할 려 憂 근심할 우

12_ 子曰 已矣乎라
자 왈 이 의 호

吾未見好德을 如好色者也로라
오 미 견 호 덕　여 호 색 자 야

子曰 已矣乎라

吾未見好德을 如好色者也로라

공자께서 말씀하셨다.
"어쩔 수 없이 끝났구나. 나는 덕(德)을 좋아하기를 여색을 좋아하듯이 하는 자를 보지 못하였다."

- 已 그칠 이

衛靈公 第十五

13_ 子曰 臧文仲은 其竊位者與인저
자왈 장문중 기절위자여

知柳下惠之賢而不與立也로다
지 류 하 혜 지 현 이 불 여 립 야

子曰 臧文仲은 其竊位者與인저

知柳下惠之賢而不與立也로다

공자께서 말씀하셨다.
"장문중은 지위를 도둑질한 자일 것이다. 류하혜의 어짊을 알고서도 더불어 조정에 서지 아니하였구나."

• 臧 착할 장 竊 훔칠 절

14_ 子曰 躬自厚而薄責於人이면
자왈 궁자후이박책어인

則遠怨矣니라
즉 원 원 의

子曰 躬自厚而薄責於人이면

則遠怨矣니라

공자께서 말씀하셨다.
"자기 몸을 스스로 책망하기를 후하게 하고 남에게 책하기를 적게 한다면 원망이 멀어질 것이다."

• 躬 몸궁 薄 엷을박

15_ 子曰 不曰如之何如之何者는
자왈 불왈여지하여지하자

吾末如之何也已矣니라
오 말 여 지 하 야 이 의

子曰 不曰如之何如之何者는

吾末如之何也已矣니라

공자께서 말씀하셨다.
"어찌할까 어찌할까라고 말하지 않는 자는 나도 어찌할 수가 없다."

16_ 子曰 群居終日에 言不及義요
자왈 군거종일 언불급의

好行小慧면 難矣哉라
호 행 소 혜 난 의 재

子曰 群居終日에 言不及義요

好行小慧면 難矣哉라

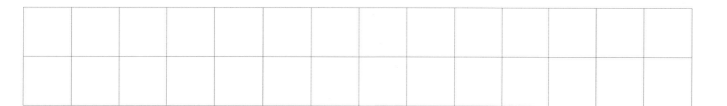

공자께서 말씀하셨다.
"여럿이 거처하며 하루를 마칠 적에 말이 의리에 미치지 않고 작은 지혜를 행하기 좋아한다면 환난이 있을 것이다."

• 慧 지혜 혜

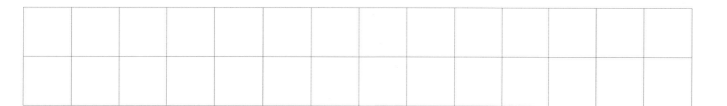

17_ 子曰 君子는 義以爲質이요
자 왈 군 자 의 이 위 질

禮以行之하며 孫(遜)以出之하며
예 이 행 지 손 (손) 이 출 지

信以成之하나니 君子哉라
신 이 성 지 군 자 재

子曰 君子는 義以爲質이요

禮以行之하며 孫(遜)以出之하며

信以成之하나니 君子哉라

공자께서 말씀하셨다.
"군자는 의(義)로써 바탕을 삼고, 예(禮)로써 그것(의)을 행하며
겸손함으로써 그것을 내며 신(信)으로써 그것을 이루나니, 이것이 군자이다."

• 孫 공손할 손

68

18_ 子曰 君子는 病無能焉이요
자왈 군자　　병무능언

不病人之不己知也니라
불병인지불기지야

子曰 君子는 病無能焉이요

不病人之不己知也니라

공자께서 말씀하셨다.
"군자는 자신의 무능함을 병으로 여기고, 남이 자신을 알아주지 않음을 병으로 여기지 않는다."

• 病 부족할 병

19_ 子曰 君子는
자왈 군자

疾沒世而名不稱焉이니라
질몰세이명불칭언

子曰 君子는

疾沒世而名不稱焉이니라

공자께서 말씀하셨다.
"군자는 몰세(종신)토록 이름이 일컬어지지 않음을 싫어한다."

• 疾 미워할 질 沒 마칠 몰

衛靈公 第十五

69

20_ 子曰 君子는 求諸己요
자왈 군자 구 저 기

小人은 求諸人이니라
소 인 구 저 인

子曰 君子는 求諸己요

小人은 求諸人이니라

공자께서 말씀하셨다.
"군자는 자신에게서 찾고, 소인은 남에게서 찾는다."

21_ 子曰 君子는
자왈 군자

矜而不爭하고 群而不黨이니라
긍 이 부 쟁 군 이 부 당

子曰 君子는

矜而不爭하고 群而不黨이니라

공자께서 말씀하셨다.
"군자는 씩씩하되 다투지 않고, 무리를 짓되 편당하지 않는다."

• 矜 씩씩할 긍 群 무리 군 黨 편벽될 당

22_ 子曰 君子는
자 왈 군 자

不以言擧人하며
불 이 언 거 인

不以人廢言이니라
불 이 인 폐 언

子曰 君子는

不以言擧人하며

不以人廢言이니라

공자께서 말씀하셨다.

"군자는 말을 잘한다고 해서 그 사람을 들어 쓰지 않으며, 사람이 나쁘다 하여 그의 좋은 말을 버리지 않는다."

23_ 子貢이 問曰
자공 문왈

有一言而可以終身行之者乎잇가
유 일 언 이 가 이 종 신 행 지 자 호

子曰 其恕乎인저
자 왈 기 서 호

己所不欲을 勿施於人이니라
기 소 불 욕 물 시 어 인

子貢이 問曰

有一言而可以終身行之者乎잇가

子曰 其恕乎인저

己所不欲을 勿施於人이니라

자공이 "한 말씀으로서 종신토록 행할 만한 것이 있습니까?" 하고 묻자, 공자께서 말씀하셨다.
"서(恕)일 것이다. 자기가 하고자 하지 않는 것을 남에게 베풀지 말라는 것이다."

24_ 子曰 吾之於人也에 誰毁誰譽리오
　　자왈 오지어인야　수훼수예

如有所譽者면 其有所試矣니라
여유소예자　기유소시의

斯民也는 三代之所以直道而行也니라
사민야　삼대지소이직도이행야

子曰 吾之於人也에 誰毁誰譽리오

如有所譽者면 其有所試矣니라

斯民也는 三代之所以直道而行也니라

공자께서 말씀하셨다.
"내가 사람(남)에 대해서 누구를 헐뜯고 누구를 과찬하겠는가. 만일 칭찬하는 경우가 있다면 시험해 봄이 있어서이다.
지금 이 사람들은 삼대시대에 성왕들이 이들을 데리고 정직한 도(道)로 행하던 바이다."

• 毁 훼방할 훼 譽 기릴 예 試 시험할 시 直 곧을 직

25_ 子曰 吾猶及史之闕文也와
자왈 오유급사지궐문야

有馬者借人乘之러니 今亡矣夫인저
유마자차인승지 금무의부

子曰 吾猶及史之闕文也와

有馬者借人乘之러니 今亡矣夫인저

공자께서 말씀하셨다.
"내 오히려 사관들이 글을 빼놓고 기록하지 않음과 말을 소유한 자가 남에게 빌려주어 타게 함을 미쳐 보았는데,
지금에는 이것도 없어졌구나!"

• 猶 오히려 유 闕 빼놓을 궐 借 빌릴 차 亡 없을 무

26_ 子曰 巧言은 亂德이요
자왈 교언 란덕

小不忍則亂大謀니라
소 불 인 즉 란 대 모

子曰 巧言은 亂德이요

小不忍則亂大謀니라

공자께서 말씀하셨다.
"공교로운 말은 덕(德)을 어지럽히고, 작은 것을 참지 못하면 큰 계책을 어지럽힌다."

• 巧 공교할 교

74

27— 子曰 衆이 惡之라도 必察焉하며
자왈 중 오지 필찰언

衆이 好之라도 必察焉이니라
중 호지 필찰언

子曰 衆이 惡之라도 必察焉하며

衆이 好之라도 必察焉이니라

공자께서 말씀하셨다.
"여러 사람들이 그를 미워하더라도 반드시 살펴보며, 여러 사람들이 그를 좋아하더라도 반드시 살펴보아야 한다."

- 察 살필찰

28— 子曰 人能弘道요 非道弘人이니라
자왈 인능홍도 비도홍인

子曰 人能弘道요 非道弘人이니라

공자께서 말씀하셨다.
"사람이 도(道)를 크게 할 수 있고, 도가 사람을 크게 하는 것은 아니다."

- 弘 넓을 홍

29_ 子曰 過而不改 是謂過矣니라
자 왈 과 이 불 개 시 위 과 의

子曰 過而不改 是謂過矣니라

공자께서 말씀하셨다.
"허물이 있어도 고치지 않는 이것을 허물이라 한다."

30_ 子曰 吾嘗終日不食하며 終夜不寢하여
자 왈 오 상 종 일 불 식 종 야 불 침

以思호니 無益이라 不如學也로라
이 사 무 익 불 여 학 야

子曰 吾嘗終日不食하며 終夜不寢하여

以思호니 無益이라 不如學也로라

공자께서 말씀하셨다.
"내 일찍이 종일토록 밥을 먹지 않고 밤새도록 잠을 자지 않고서 생각해 보니, 유익함이 없었다. 배우는 것만 못하였다."

• 寢 잠잘 침

31_ 子曰 君子는
_{자 왈 군 자}

謀道요 不謀食하나니
_{모 도 불 모 식}

耕也에 餒在其中矣요
_{경 야 뇌 재 기 중 의}

學也에 祿在其中矣니
_{학 야 녹 재 기 중 의}

君子는 憂道요 不憂貧이니라
_{군 자 우 도 불 우 빈}

子曰 君子는

謀道요 不謀食하나니

耕也에 餒在其中矣요

學也에 祿在其中矣니

君子는 憂道요 不憂貧이니라

공자께서 말씀하셨다.
"군자는 도(道)를 도모하고 밥(부유함)을 도모하지 않는다.
밭을 갊에 굶주림이 그 가운데 있고 학문을 함에 녹(祿)이 그 가운데 있으니,
군자는 도를 걱정하고 가난을 걱정하지 않는다."

• 耕 밭갈 경　餒 굶주릴 뇌

32_ 子曰 知(智)及之라도
자왈 지 (지) 급지

仁不能守之면 雖得之나 必失之니라
인 불 능 수 지   수 득 지   필 실 지

知及之하며 仁能守之라도
지 급 지   인 능 수 지

不莊以涖之면 則民不敬이니라
부 장 이 리 지   즉 민 불 경

知及之하며 仁能守之하며 莊以涖之라도
지 급 지   인 능 수 지   장 이 리 지

動之不以禮면 未善也니라
동 지 불 이 례   미 선 야

子曰 知(智)及之라도

仁不能守之면 雖得之나 必失之니라

知及之하며 仁能守之라도

不莊以涖之면 則民不敬이니라

知及之하며 仁能守之하며 莊以涖之라도

動之不以禮면 未善也니라

공자께서 말씀하셨다.

"지혜가 거기에 미치더라도 인(仁)이 그것을 지킬 수 없으면 비록 얻더라도 반드시 잃는다.

지혜가 거기에 미치며 인이 그것을 지킬 수 있더라도 장엄함으로써 백성에게 임하지 않으면

백성들이 그를 공경하지 않는다.

지혜가 거기에 미치며 인이 그것을 지킬 수 있으며 장엄함으로써 백성에게 임하더라도

백성들을 흥동(분발)시키기를 예(禮)로써 하지 않으면 선(善)하지 못하다."

- 涖 임할 리　莊 장엄할 장

33_ 子曰
　　　　자 왈

君子는 不可小知而可大受也요
군 자　불 가 소 지 이 가 대 수 야

小人은 不可大受而可小知也니라
소 인　불 가 대 수 이 가 소 지 야

子曰

君子는 不可小知而可大受也요

小人은 不可大受而可小知也니라

공자께서 말씀하셨다.

"군자는 작은 것으로 알 수는 없으나, 큰 것을 받을 수 있고, 소인은 큰 것을 받을 수는 없으나, 작은 것으로 알 수 있다."

34_ 子曰 民之於仁也에 甚於水火하니
자왈 민지어인야 심어수화

水火는 吾見蹈而死者矣어니와
수화 오견도이사자의

未見蹈仁而死者也로라
미견도인이사자야

子曰 民之於仁也에 甚於水火하니

水火는 吾見蹈而死者矣어니와

未見蹈仁而死者也로라

<table>
<tr><td></td><td></td><td></td><td></td><td></td><td></td><td></td><td></td><td></td><td></td><td></td></tr>
<tr><td></td><td></td><td></td><td></td><td></td><td></td><td></td><td></td><td></td><td></td><td></td></tr>
<tr><td></td><td></td><td></td><td></td><td></td><td></td><td></td><td></td><td></td><td></td><td></td></tr>
</table>

공자께서 말씀하셨다.
"사람이 인(仁)에 있어 필요함이 물과 불보다도 심하니,
물과 불은 밟다가 죽는 자를 내가 보았지만 인을 밟다가 죽는 자는 보지 못하였노라."

• 甚 심할심 蹈 밟을도

35_ 子曰
　　자 왈

當仁하여 不讓於師니라
당 인　　불 양 어 사

子曰

當仁하여 不讓於師니라

공자께서 말씀하셨다.
"인(仁)을 당해서는 스승에게도 사양하지 않는다."

- 當 당할당

36_ 子曰
　　자 왈

君子는 貞而不諒이니라
군 자　　정 이 불 량

子曰

君子는 貞而不諒이니라

공자께서 말씀하셨다.
"군자는 정도를 따르고 작은 신의에 얽매이지 않는다."

- 貞 곧을정 諒 믿을량

37_ 子曰
_{자 왈}

事君호되 敬其事而後其食이니라
_{사 군}　_{경 기 사 이 후 기 식}

子曰

事君호되 敬其事而後其食이니라

- - - - - - - - ● 공자께서 말씀하셨다.
　　　　　　　"군주를 섬기되 그 일을 공경하고 밥(녹봉)은 뒤에 하여야 한다."

- 後 뒤에할 후

38_ 子曰
_{자 왈}

有敎면 無類니라
_{유 교}　_{무 류}

子曰

有敎면 無類니라

- - - - - - - - ● 공자께서 말씀하셨다.
　　　　　　　"가르침이 있으면 종류가 없다."

- 類 종류 류

39_ 子曰
  　자　왈

道不同이면 不相爲謀니라
도 부 동　　불 상 위 모

子曰

道不同이면 不相爲謀니라

공자께서 말씀하셨다.
"도(道)가 같지 않으면 서로 도모하지 못한다."

40_ 子曰
  　자　왈

辭는 達而已矣니라
사　달 이 이 의

子曰

辭는 達而已矣니라

공자께서 말씀하셨다.
"언사는 뜻이 통하게 할 뿐이다."

41_ 師冕이 見할새 及階어늘 子曰 階也라하시고
사 면 현 급 계 자왈 계야

及席이어늘 子曰 席也라하시고
급 석 자왈 석야

皆坐어늘 子告之曰 某在斯, 某在斯라하시다
개 좌 자 고 지 왈 모 재 사 모 재 사

師冕이 出커늘 子張이 問曰 與師言之道與잇가
사 면 출 자 장 문 왈 여 사 언 지 도 여

子曰 然하다 固相師之道也니라
자 왈 연 고 상 사 지 도 야

師冕이 見할새 及階어늘 子曰 階也라하시고

及席이어늘 子曰 席也라하시고

皆坐어늘 子告之曰 某在斯, 某在斯라하시다

師冕이 出커늘 子張이 問曰 與師言之道與잇가

子曰 然하다 固相師之道也니라

• 사면(악사인 면)이 뵈올 적에 섬돌(계단)에 이르자 공자께서 "섬돌이다." 하셨고, 자리에 이르자 공자께서 "자리이다."
하셨고, 모두 앉자 공자께서 "아무개는 여기에 있고 아무개는 저기에 있다."고 말씀해 주셨다.
사면이 나가자, 자장이 묻기를 "악사와 더불어 말하는 도리입니까?" 하였다.
공자께서 말씀하셨다. "그러하다. 진실로 악사를 도와주는 도리이다."

• 冕 면류관 면 階 섬돌 계 相 도울 상

季氏 第十六

1-1_ 季氏將伐顓臾러니
계씨장벌전유

冉有季路 見於孔子曰
염유계로 현어공자왈

季氏將有事於顓臾리이다
계씨장유사어전유

孔子曰 求아 無乃爾是過與아
공자왈구 무내이시과여

夫顓臾는 昔者에 先王이 以爲東蒙主하시고
부전유 석자 선왕 이위동몽주

且在邦域之中矣라
차재방역지중의

是社稷之臣也니 何以伐爲리오
시사직지신야 하이벌위

季氏將伐顓臾러니

冉有季路 見於孔子曰

季氏將有事於顓臾리이다

孔子曰 求아 無乃爾是過與아

夫顓臾는 昔者에 先王이 以爲東蒙主하시고

且在邦域之中矣라

是社稷之臣也니 何以伐爲리오

- 계씨가 전유를 치려 하였는데, 염유와 계로가 공자를 뵙고 말하였다.

"계씨가 장차 전유국에 전쟁을 벌이려 합니다."

공자께서 말씀하셨다.

"구(염유)야, 이것은 너의 잘못이 아니냐.

저 전유국은 옛날에 선왕께서 동몽산의 제주로 삼으셨고 또 우리나라 안에 있으니, 이는 사직의 신하이다.

어찌 정벌할 필요가 있겠는가?"

- 將 장차 장　顓 어리석을 전　臾 잠깐 유　爾 이와같이 이　蒙 땅이름 몽　域 지경 역

1-2_ 冉有曰 夫子欲之언정
염유왈 부자욕지

吾二臣者는 皆不欲也로소이다
오 이신자 개 불욕야

孔子曰 求아 周任이 有言曰
공자왈구 주임 유언왈

陳力就列하여 不能者止라하니 危而不持하며
진력취렬 불능자지 위이부지

顚而不扶면 則將焉用彼相矣리오
전 이불부 즉장언용피상의

冉有曰 夫子欲之언정

吾二臣者는 皆不欲也로소이다

孔子曰 求아 周任이 有言曰

陳力就列하여 不能者止라하니 危而不持하며

顚而不扶면 則將焉用彼相矣리오

염유가 말하였다. "부자(계손)께서 하시려 할지언정 저희 두 신하는 모두 하고자 하지 않습니다."
공자께서 말씀하셨다.
"구야, 주임이 말하기를 '능력을 펴서 대열(지위)에 나아가 능히(제대로) 할 수 없으면 그만두라.'고 하였으니,
위태로운데도 붙잡아 주지 못하며 넘어지는데도 부축해 주지 못한다면 장차 저 상(도와주는 신하)을 어디에다 쓰겠느냐."

• 就 나아갈 취 持 잡을 지 顚 넘어질 전 扶 붙들 부 焉 어찌 언 相 인도할 상

1-3_ 且爾言이 過矣로다 虎兕出於柙하며
차 이 언 과 의 호 시 출 어 합

龜玉이 毁於櫝中이 是誰之過與오
귀 옥 훼 어 독 중 시 수 지 과 여

冉有曰 今夫顓臾 固而近於費하니
염 유 왈 금 부 전 유 고 이 근 어 비

今不取면 後世에 必爲子孫憂하리이다
금 불 취 후 세 필 위 자 손 우

且爾言이 過矣로다 虎兕出於柙하며

龜玉이 毁於櫝中이 是誰之過與오

冉有曰 今夫顓臾 固而近於費하니

今不取면 後世에 必爲子孫憂하리이다

• "또 네 말이 잘못되었다.
  호랑이와 들소가 우리에서 뛰쳐나오며, 구갑(거북의 등껍질)과 옥이 궤 속에서 훼손됨이 누구의 잘못이겠느냐."
  염유가 말하였다.
  "지금 저 전유국이 성곽이 견고하며 비읍에 가까우니, 지금 취하지 않으면 후세에 반드시 자손의 우환이 될 것입니다."

• 兕 외뿔소 시 柙 짐승우리 합 龜 거북 귀 毁 헐 훼 櫝 궤독 誰 누구 수 固 견고할 고

1-4_ 孔子曰 求아 君子는
공자왈 구 군자

疾夫舍曰欲之요 而必爲之辭니라
질 부사왈욕지 이필위지사

丘也聞호니 有國有家者는
구 야 문 유국유가자

不患寡而患不均하며 不患貧而患不安이라하니
불 환 과 이 환 불 균 불 환 빈 이 환 불 안

蓋均이면 無貧이요 和면 無寡요 安이면 無傾이니라
개 균 무 빈 화 무 과 안 무 경

孔子曰 求아 君子는

疾夫舍曰欲之요 而必爲之辭니라

丘也聞호니 有國有家者는

不患寡而患不均하며 不患貧而患不安이라하니

蓋均이면 無貧이요 和면 無寡요 安이면 無傾이니라

공자께서 말씀하셨다.
"구야, 군자는 그것을 갖고 싶다고 말하지 않고 굳이 변명하는 것을 미워한다.
나(丘)는 들으니, 나라를 소유하고 집을 소유한 자는 백성이 적음을 근심하지 않고 고르지 못함을 근심하며,
가난함을 근심하지 않고 편안하지 못함을 근심한다고 한다. 고르면 가난함이 없고 화하면 적음이 없고 편안하면
기울어짐이 없다."

• 疾 미워할질 寡 적을과 均 고를균 傾 기울경

90

1-5 夫如是故로 遠人이 不服이면
부 여 시 고　원 인　불 복

則修文德以來之하고 旣來之면 則安之니라
즉 수 문 덕 이 래 지　　기 래 지　즉 안 지

今由與求也는 相夫子호되
금 유 여 구 야　　상 부 자

遠人이 不服而不能來也하며
원 인　　불 복 이 불 능 래 야

夫如是故로 遠人이 不服이면

則修文德以來之하고 旣來之면 則安之니라

今由與求也는 相夫子호되

遠人이 不服而不能來也하며

"이와 같으므로 먼 지역 사람이 복종해 오지 않으면 문덕을 닦아서 그들을 오게 하고,
이미 왔으면 편안하게 해야 하는 것이다.
지금 유와 구는 부자(계씨)를 돕되 먼 지역 사람이 복종해 오지 않는데도 오게 하지 못하며,"

1-6 邦分崩離析而不能守也하고
방 분 붕 리 석 이 불 능 수 야

而謀動干戈於邦內하니
이 모 동 간 과 어 방 내

吾恐季孫之憂
오 공 계 손 지 우

不在顓臾而在蕭墻之內也하노라
부 재 전 유 이 재 소 장 지 내 야

邦分崩離析而不能守也하고

而謀動干戈於邦內하니

吾恐季孫之憂

不在顓臾而在蕭墻之內也하노라

"나라가 분열되고 무너지는데도 지키지 못하고, 그런데도 창과 방패를 나라 안에서 움직일(사용할) 것을 꾀하니, 나는 계손의 근심이 전유국에 있지 않고 병풍 안(집안)에 있을까 두렵노라."

• 崩 무너질붕 離 떠날리 析 쪼갤석 謀 꾀할모 動 움직일동 干 방패간 戈 창과 蕭 쑥소 墻 담장

2-1_ 孔子曰 天下有道면
공 자 왈 천 하 유 도

則禮樂征伐이 自天子出하고
즉 례 악 정 벌 자 천 자 출

天下無道면
천 하 무 도

則禮樂征伐이 自諸侯出하나니
즉 례 악 정 벌 자 제 후 출

孔子曰 天下有道면

則禮樂征伐이 自天子出하고

天下無道면

則禮樂征伐이 自諸侯出하나니

공자께서 말씀하셨다.
"천하에 도(道)가 있으면 예악과 정벌이 천자로부터 나오고, 천하에 도가 없으면 예악과 정벌이 제후로부터 나온다."

2-2 自諸侯出이면 蓋十世에 希不失矣요
자제후출　　개십세　　희불실의

自大夫出이면 五世에 希不失矣요
자대부출　　오세　　희불실의

陪臣이 執國命이면 三世에 希不失矣니라
배신　집국명　　삼세　　희불실의

天下有道면 則政不在大夫하고
천하유도　　즉정부재대부

天下有道면 則庶人이 不議하나니라
천하유도　　즉서인　불의

自諸侯出이면 蓋十世에 希不失矣요

自大夫出이면 五世에 希不失矣요

陪臣이 執國命이면 三世에 希不失矣니라

天下有道면 則政不在大夫하고

天下有道면 則庶人이 不議하나니라

"제후로부터 나오면 10세(世)에 정권을 잃지 않는 자가 드물고, 대부로부터 나오면 5세에 잃지 않는 자가 드물고, 배신이 국명을 잡으면 3세에 잃지 않는 자가 드물다. 천하에 도가 있으면 정사가 대부에게 있지 않고, 천하에 도가 있으면 서인들이 함부로 의론(비난)하지 않는다."

- 希 드물 희 陪 모실 배 庶 많을 서 議 의논할 의

3_ 孔子曰 祿之去公室이 五世矣요
　　공자왈 녹지거공실　오세의

政逮於大夫가 四世矣라
정체어대부　사세의

故로 夫三桓之子孫이 微矣니라
고　부삼환지자손　미의

孔子曰 祿之去公室이 五世矣요

政逮於大夫가 四世矣라

故로 夫三桓之子孫이 微矣니라

공자께서 말씀하셨다.
"녹이 공실에서 떠난 지가 5세(世)가 되었고 정사가 대부에게 미친 지가 4세가 되었다.
그러므로 저 삼환의 자손이 미약한 것이다."

• 逮 미칠체 微 작을 미

季氏 第十六

95

4 孔子曰 益者三友요 損者三友니
공 자 왈 익 자 삼 우 손 자 삼 우

友直하며 友諒하며 友多聞이면 益矣요
우 직 우 량 우 다 문 익 의

友便辟하며 友善柔하며 友便佞이면 損矣니라
우 편 벽 우 선 유 우 편 녕 손 의

孔子曰 益者三友요 損者三友니

友直하며 友諒하며 友多聞이면 益矣요

友便辟하며 友善柔하며 友便佞이면 損矣니라

공자께서 말씀하셨다.
"유익한 벗이 세 가지이고 손해되는 벗이 세 가지이니, 벗이 곧으며 벗이 성실하며 벗이 문견이 많으면 유익하고,
벗이 한쪽(외모)만 잘하며 벗이 유순하기를 잘하며 벗이 말을 잘하면 손해된다."

• 諒 성실할량 便 잘할편 辟 편벽될벽 善 잘할선 佞 말잘할녕

96

5_ 孔子曰 益者三樂요 損者三樂니
공 자 왈 익 자 삼 요   손 자 삼 요

樂節禮樂하며 樂道人之善하며
요 절 례 악   요 도 인 지 선

樂多賢友면 益矣요
요 다 현 우   익 의

樂驕樂하며 樂佚遊하며
요 교 락   요 일 유

樂宴樂이면 損矣니라
요 연 락   손 의

孔子曰 益者三樂요 損者三樂니

樂節禮樂하며 樂道人之善하며

樂多賢友면 益矣요

樂驕樂하며 樂佚遊하며

樂宴樂이면 損矣니라

공자께서 말씀하셨다.
"유익한 좋아함이 세 가지이고 손해되는 좋아함이 세 가지이니,
예악의 절도를 분별하기를 좋아하며 사람의 선(善)함을 말하기 좋아하며 어진 벗이 많음을 좋아하면 유익하고,
교만함을 즐거워하는 것을 좋아하며 편안히 노는 것을 좋아하며 잔치를 즐거워하는 것을 좋아하면 손해가 된다."

• 樂 좋아할요, 음악악, 즐거울락 節 절제할절 道 말할도 驕 교만할교 佚 편안할일 宴 잔치연

6_ 孔子曰 侍於君子에 有三愆하니
공 자 왈 시 어 군 자 유 삼 건

言未及之而言을 謂之躁요
언 미 급 지 이 언 위 지 조

言及之而不言을 謂之隱이요
언 급 지 이 불 언 위 지 은

未見顔色而言을 謂之瞽니라
미 견 안 색 이 언 위 지 고

孔子曰 侍於君子에 有三愆하니

言未及之而言을 謂之躁요

言及之而不言을 謂之隱이요

未見顔色而言을 謂之瞽니라

공자께서 말씀하셨다.

"군자를 모심에 세 가지 잘못이 있으니, 말씀이 미치지 않았는데 먼저 말하는 것을 조(조급함)라 이르고,

말씀이 미쳤는데 말하지 않는 것을 은(숨김)이라 이르고, 안색을 보지 않고 말하는 것을 고(봉사)라 이른다."

• 愆 허물 건 躁 성급할 조 瞽 봉사 고

7_ 孔子曰 君子有三戒하니
공자왈 군자유삼계

少之時에는 血氣未定이라 戒之在色이요
소지시 혈기미정 계지재색

及其壯也하여는 血氣方剛이라 戒之在鬪요
급기장야 혈기방강 계지재투

及其老也하여는 血氣旣衰라 戒之在得이니라
급기로야 혈기기쇠 계지재득

孔子曰 君子有三戒하니

少之時에는 血氣未定이라 戒之在色이요

及其壯也하여는 血氣方剛이라 戒之在鬪요

及其老也하여는 血氣旣衰라 戒之在得이니라

공자께서 말씀하셨다.
"군자에게 세 가지 경계함이 있으니, 젊을 때엔 혈기가 정해지지 않았으므로 경계함이 여색에 있고,
장성해서는 혈기가 한창 강하므로 경계함이 싸움에 있고, 늙어서는 혈기가 쇠하므로 경계함이 얻음에 있다."

• 戒 경계할 계 壯 건장할 장 剛 굳셀 강 鬪 싸움 투

8_ 孔子曰 君子有三畏하니
공 자 왈 군 자 유 삼 외

畏天命하며 畏大人하며 畏聖人之言이니라
외 천 명　　　외 대 인　　　외 성 인 지 언

小人은 不知天命而不畏也라
소 인　　부 지 천 명 이 불 외 야

狎大人하며 侮聖人之言이니라
압 대 인　　　모 성 인 지 언

孔子曰 君子有三畏하니

畏天命하며 畏大人하며 畏聖人之言이니라

小人은 不知天命而不畏也라

狎大人하며 侮聖人之言이니라

----------•　공자께서 말씀하셨다.
"군자는 세 가지 두려워함이 있으니, 천명을 두려워하며 대인을 두려워하며 성인의 말씀을 두려워한다.
소인은 천명을 알지 못하여 두려워하지 않는다. 그리하여 대인을 함부로 대하며 성인의 말씀을 업신여긴다."

•　畏 두려워할 외　狎 친압할 압　侮 업신여길 모

100

9_ 孔子曰 生而知之者는 上也요
공자왈 생이지지자 상야

學而知之者는 次也요
학이지지자 차야

困而學之 又其次也니
곤이학지 우기차야

困而不學이면 民斯爲下矣니라
곤이불학 민사위하의

孔子曰 生而知之者는 上也요

學而知之者는 次也요

困而學之 又其次也니

困而不學이면 民斯爲下矣니라

공자께서 말씀하셨다.
"태어나면서 아는 자는 상등이요, 배워서 아는 자는 다음이요, 통하지 못하는 바가 있어서 애써서 배우는 자는 또 그 다음이니, 통하지 못하는 바가 있는데도 배우지 않으면 백성으로서 하등이 된다."

• 困 곤궁할 곤

10_ 孔子曰 君子有九思하니
　　　공자왈 군자유구사

視思明하며 聽思聰하며 色思溫하며
시 사 명 　　청 사 총 　　색 사 온

貌思恭하며 言思忠하며 事思敬하며
모 사 공 　　언 사 충 　　사 사 경

疑思問하며 忿思難하며 見得思義니라
의 사 문 　　분 사 난 　　견 득 사 의

孔子曰 君子有九思하니

視思明하며 聽思聰하며 色思溫하며

貌思恭하며 言思忠하며 事思敬하며

疑思問하며 忿思難하며 見得思義니라

공자께서 말씀하셨다.
"군자는 아홉 가지 생각함이 있으니, 봄에는 밝음을 생각하며, 들음에는 귀가 밝음을 생각하며,
얼굴빛은 온화함을 생각하며, 모습(용모)은 공손함을 생각하며, 말은 진실함을 생각하며, 일은 공경함을 생각하며,
의심스러움은 물음을 생각하며, 분함은 어려움을 생각하며, 얻는 것을 보면 의(義)를 생각하는 것이다."

• 聰 귀밝을 총 貌 모양 모

11_ 孔子曰 見善如不及하며 見不善如探湯을
공자왈 견선여불급 견불선여탐탕

吾見其人矣요 吾聞其語矣로라
오견기인의 오문기어의

隱居以求其志하며 行義以達其道를
은거이구기지 행의이달기도

吾聞其語矣요 未見其人也로라
오문기어의 미견기인야

孔子曰 見善如不及하며 見不善如探湯을

吾見其人矣요 吾聞其語矣로라

隱居以求其志하며 行義以達其道를

吾聞其語矣요 未見其人也로라

공자께서 말씀하셨다.
"선(善)을 보고는 미치지 못할 듯이 하고 불선을 보고는 끓는 물을 더듬는 것처럼 하는 것을,
나는 그러한 사람을 보았고 그러한 말을 들었노라. 숨어 살면서 그 뜻을 구하고 의(義)를 행하면서
그 도(道)를 행하는 것을, 나는 그러한 말만 들었고 그러한 사람은 보지 못하였노라."

• 探 더듬을 탐 湯 물끓을 탕

12_ 齊景公은 有馬千駟호되
　　　제 경 공　　유 마 천 사

死之日에 民無德而稱焉이요
사 지 일　　민 무 덕 이 칭 언

伯夷叔齊는 餓于首陽之下호되
백 이 숙 제　　아 우 수 양 지 하

民到于今稱之하나니라
민 도 우 금 칭 지

其斯之謂與인저
기 사 지 위 여

齊景公은 有馬千駟호되

死之日에 民無德而稱焉이요

伯夷叔齊는 餓于首陽之下호되

民到于今稱之하나니라

其斯之謂與인저

공자께서 말씀하셨다.
"제 경공은 말 천사를 소유하였으나, 죽는 날에 사람들이 덕(德)을 칭송함이 없었고,
백이와 숙제는 수양산 아래에서 굶주렸으나 사람들이 지금에 이르도록 칭송하고 있다.
이것을 말함일 것이다."

• 駟 사마 사　餓 굶주릴 아　稱 칭찬할 칭

104

13-1_ 陳亢이 問於伯魚曰 子亦有異聞乎아
진 강 문 어 백 어 왈 자 역 유 이 문 호

對曰 未也로라 嘗獨立이어시늘
대 왈 미 야 상 독 립

鯉趨而過庭이러니 曰 學詩乎아
리 추 이 과 정 왈 학 시 호

對曰 未也로이다 不學詩면
대 왈 미 야 불 학 시

無以言이라하여시늘 鯉退而學詩호라
무 이 언 리 퇴 이 학 시

陳亢이 問於伯魚曰 子亦有異聞乎아

對曰 未也로라 嘗獨立이어시늘

鯉趨而過庭이러니 曰 學詩乎아

對曰 未也로이다 不學詩면

無以言이라하여시늘 鯉退而學詩호라

진강이 백어에게 물었다. "그대는 역시 특이한 들음이 있는가?"
백어가 대답하였다. "없었다. 일찍이 홀로 서 계실 적에 내(리)가 종종걸음으로 뜰을 지나가는데,
'시를 배웠느냐' 하고 물으시기에 '아직 배우지 못하였습니다.' 하고 대답하였더니,
'시를 배우지 않으면 말을 할 수 없다.' 하시므로 내가 물러나와 시를 배웠노라."

• 亢 높을 항(강) 鯉 잉어 리 趨 달려갈 추 過 지날 과

13-2_ 他日에 又獨立이어시늘 鯉趨而過庭이러니
타 일 우 독 립 리 추 이 과 정

曰 學禮乎아 對曰 未也로이다 不學禮면
왈 학 례 호 대 왈 미 야 불 학 례

無以立이라하여시늘 鯉退而學禮호라 聞斯二者로라
무 이 립 리 퇴 이 학 례 문 사 이 자

陳亢이 退而喜曰 問一得三호니
진 강 퇴 이 희 왈 문 일 득 삼

聞詩聞禮하고 又聞君子之遠其子也로라
문 시 문 례 우 문 군 자 지 원 기 자 야

他日에 又獨立이어시늘 鯉趨而過庭이러니

曰 學禮乎아 對曰 未也로이다 不學禮면

無以立이라하여시늘 鯉退而學禮호라 聞斯二者로라

陳亢이 退而喜曰 問一得三호니

聞詩聞禮하고 又聞君子之遠其子也로라

"다른 날에 또 홀로 서 계실 적에 내가 종종걸음으로 뜰을 지나가는데, '예' 배웠느냐' 하고 물으시기에 '아직 배우지 못하였습니다.' 하고 대답하였더니, '예를 배우지 않으면 설 수 없다.' 하시므로 내가 물러나와 예를 배웠노라. 이 두 가지를 들었노라."
진강이 물러나와 기뻐하면서 말하였다.
"하나를 물어서 세 가지를 얻었으니, 시를 듣고 예를 듣고 또 군자가 그 아들을 멀리하는 것을 들었노라."

• 庭 뜰 정 遠 멀 원

14_ 邦君之妻를 君이 稱之曰夫人이요
방군지처　군　칭지왈부인

夫人이 自稱曰小童이요
부　인　자칭왈소동

邦人이 稱之曰君夫人이요
방인　칭지왈군부인

稱諸異邦曰寡小君이요
칭저이방왈과소군

異邦人이 稱之에 亦曰君夫人이니라
이방인　칭지　역왈군부인

邦君之妻를 君이 稱之曰夫人이요

夫人이 自稱曰小童이요

邦人이 稱之曰君夫人이요

稱諸異邦曰寡小君이요

異邦人이 稱之에 亦曰君夫人이니라

- ● 나라(제후국) 군주의 처를, 그 군주가 일컫기를 부인이라 하고, 부인이 스스로 일컫기를 소동이라 하며, 나라 사람들이 일컫기를 군부인이라 하고, 다른 나라에 말할 때에 일컫기를 과소군이라 하고, 다른 나라 사람들이 일컬을 때에도 군부인이라 한다.

- ● 稱 일컬을 칭 童 아이동 寡 적을 과

陽貨 第十七

1_ 陽貨欲見孔子어늘
양화욕견공자

孔子不見하신대 歸孔子豚이어늘
공자불견 귀공자돈

孔子時其亡(無)也而往拜之러시니 遇諸塗하시다
공자시기무 (무) 야이왕배지 우저도

謂孔子曰 來하라 予與爾言호리라
위공자왈래 여여이언

曰 懷其寶而迷其邦이 可謂仁乎아
왈 회기보이미기방 가위인호

曰 不可하다
왈 불가

好從事而亟失時가 可謂知(智)乎아
호종사이기실시 가위지 (지) 호

曰 不可하다 日月이 逝矣라 歲不我與니라
왈 불가 일월 서의 세불아여

孔子曰 諾다 吾將仕矣로리라
공자왈 낙 오장사의

陽貨欲見孔子어늘

孔子不見하신대 歸孔子豚이어늘

孔子時其亡(無)也而往拜之러시니 遇諸塗하시다

謂孔子曰 來하라 予與爾言호리라

曰 懷其寶而迷其邦이 可謂仁乎아

曰 不可하다

好從事而亟失時가 可謂知(智)乎아
曰 不可하다 日月이 逝矣라 歲不我與니라
孔子曰 諾다 吾將仕矣로리라

양화가 공자를 만나고자 하였으나 (공자가 찾아와서 자신을 만나기를 원하였으나) 공자께서 만나주지 않으시자,
양화가 공자에게 삶은 돼지를 선물로 보내었는데, 공자께서도 그가 없는 틈을 타서 사례하러 가셨다가 길에서 만나셨다.
양화가 공자에게 말하기를 "이리 오시오. 내 그대와 말을 하겠소." 하였다.
공자가 다가가시자 양화가 "훌륭한 보배를 품고서 나라를 어지럽게 하는 것을 인(仁)이라고 할 수 있겠소?"하니,
공자께서 "할 수 없소." 하셨다. 양화가 "종사하기를 좋아하면서 자주 때를 놓치는 것을 지(智)라고 할 수 있겠소?" 하니,
공자께서 "할 수 없소." 하셨다. 양화가 "해와 달(세월)이 흘러가니, 세월은 나를 위하여 기다려 주지 않소." 하니,
공자께서 "알았소. 내가 장차 벼슬을 할 것이오." 하셨다.

• 歸 보낼 귀 豚 돼지 돈 時 틈탈 시, 엿볼 시 塗 길 도 懷 품을 회 迷 혼미할 미 亟 자주 기 諾 허락할 낙

2_ 子曰
자 왈

性相近也나 習相遠也니라
성 상 근 야   습 상 원 야

子曰

性相近也나 習相遠也니라

공자께서 말씀하셨다.
"성(性)은 서로 비슷하나 익힘(습관)에 따라 서로 멀어지게 된다."

• 近 가까울 근 遠 멀 원

3_ 子曰
자 왈

唯上知(智)與下愚는 不移니라
유 상 지 (지) 여 하 우   불 이

子曰

唯上知(智)與下愚는 不移니라

공자께서 말씀하셨다.
"오직 상지(지극히 지혜로운 자)와 하우(가장 어리석은 자)는 변화되지 않는다."

• 移 옮길 이

4-1_ 子之武城하사
자 지 무 성

聞弦歌之聲하시다
문 현 가 지 성

夫子莞爾而笑曰
부 자 완 이 이 소 왈

割鷄에 焉用牛刀리오
할 계 언 용 우 도

子之武城하사

聞弦歌之聲하시다

夫子莞爾而笑曰

割鷄에 焉用牛刀리오

- 공자께서 무성에 가시어 현악에 맞추어 부르는 노래를 들으셨다.
부자께서 빙그레 웃으시며 말씀하셨다.
"닭을 잡는 데 어찌 소를 잡는 칼을 쓰겠는가."

- 弦 줄 현 莞 웃을 완 割 벨 할 焉 어찌 언

4-2_ 子游對曰 昔者에 偃也 聞諸夫子호니
자유대왈 석자 언야 문저부자

曰 君子 學道則愛人이요
왈 군자 학도즉애인

小人이 學道則易使也라호이다
소인 학도즉이사야

子曰 二三子아 偃之言이 是也니
자왈 이삼자 언지언 시야

前言은 戱之耳니라
전언 희지이

子游對曰 昔者에 偃也 聞諸夫子호니

曰 君子 學道則愛人이요

小人이 學道則易使也라호이다

子曰 二三子아 偃之言이 是也니

前言은 戱之耳니라

자유가 대답하였다. "예전에 제(언)가 부자께 들으니 '군자(벼슬아치)가 도(道)를 배우면 사람을 사랑하고 소인(백성)이 도를 배우면 부리기가 쉽다.' 하셨습니다."
공자께서 말씀하셨다. "얘들아, 언(자유)의 말이 옳으니, 방금 전에 내가 한 말은 농담이었다."

• 偃 누울언 戱 희롱 희

112

5-1_ 公山弗擾以費畔하여
공 산 불 요 이 비 반

召어늘 子欲往이러시니
소　　　자 욕 왕

子路不說曰 末之也已니
자 로 불 열 왈 말 지 야 이

何必公山氏之之也시리잇고
하 필 공 산 씨 지 지 야

公山弗擾以費畔하여

召어늘 子欲往이러시니

子路不說曰 末之也已니

何必公山氏之之也시리잇고

<table>
<tr><td></td><td></td><td></td><td></td><td></td><td></td><td></td><td></td><td></td><td></td><td></td><td></td></tr>
<tr><td></td><td></td><td></td><td></td><td></td><td></td><td></td><td></td><td></td><td></td><td></td><td></td></tr>
<tr><td></td><td></td><td></td><td></td><td></td><td></td><td></td><td></td><td></td><td></td><td></td><td></td></tr>
<tr><td></td><td></td><td></td><td></td><td></td><td></td><td></td><td></td><td></td><td></td><td></td><td></td></tr>
</table>

- 공산불요가 비읍을 가지고 반란을 일으키고서 공자를 부르니, 공자께서 가려고 하셨다.
  자로가 기뻐하지 않으며 말하기를 "가실 곳이 없는데, 하필 공산씨에게 가시려 하십니까?" 하였다.

- 弗 아닐불 擾 흔들요 費 쓸비 畔 배반할반 往 갈왕 末 없을말

5-2_ 子曰 夫召我者는
자왈 부소아자

而豈徒哉리오
이 기 도 재

如有用我者면
여 유 용 아 자

吾其爲東周乎인저
오 기 위 동 주 호

子曰 夫召我者는

而豈徒哉리오

如有用我者면

吾其爲東周乎인저

--------- ● 공자께서 말씀하셨다.
"저가 나를 부르는 것은 어찌 하릴없이(공연히) 그러겠느냐.
나를 써 주는 자가 있으면 나는 동주(동쪽 주나라)를 만들 것이다."

● 徒 한갓 도

114

6_

子張이 問仁於孔子한대
자장 문인어공자

孔子曰 能行五者於天下면 爲仁矣니라
공자왈 능행오자어천하 위인의

請問之한대 曰 恭寬信敏惠니
청문지 왈 공관신민혜

恭則不侮하고 寬則得衆하고 信則人任焉하고
공즉불모 관즉득중 신즉인임언

敏則有功하고 惠則足以使人이니라
민즉유공 혜즉족이사인

子張이 問仁於孔子한대

孔子曰 能行五者於天下면 爲仁矣니라

請問之한대 曰 恭寬信敏惠니

恭則不侮하고 寬則得衆하고 信則人任焉하고

敏則有功하고 惠則足以使人이니라

자장이 공자에게 인(仁)을 여쭙자, 공자께서 말씀하셨다.
"다섯 가지를 능히 천하에 행한다면 인을 행하는 것이다." 하셨다.
자장이 그 내용을 묻자, 다음과 같이 말씀하셨다.
"공손함[恭]과 너그러움[寬]과 신실함[信]과 민첩함[敏]과 은혜로움[惠]이니, 공손하면 업신여기지 않고 너그러우면
뭇사람들을 얻게 되고 신실하면 남들이 의지하고 민첩하면 공이 있고 은혜로우면 충분히 사람을 부릴 수 있다."

- **敏** 민첩할 민 **侮** 업신여길 모 **任** 믿을 임, 의지할 임

7_ 佛肹이 召어늘 子欲往이러시니
필 힐 소 자 욕 왕

子路曰 昔者에 由也 聞諸夫子호니
자 로 왈 석 자 유 야 문 저 부 자

曰 親於其身에 爲不善者어든
왈 친 어 기 신 위 불 선 자

君子 不入也라하시니 佛肹이 以中牟畔이어늘
군 자 불 입 야 필 힐 이 중 모 반

子之往也는 如之何잇고
자 지 왕 야 여 지 하

子曰 然하다 有是言也어니와
자 왈 연 유 시 언 야

不曰堅乎아 磨而不磷이니라
불 왈 견 호 마 이 불 린

不曰白乎아 涅而不緇니라
불 왈 백 호 날 이 불 치

吾豈匏瓜也哉라 焉能繫而不食이리오
오 기 포 과 야 재 언 능 계 이 불 식

佛肹이 召어늘 子欲往이러시니

子路曰 昔者에 由也 聞諸夫子호니

曰 親於其身에 爲不善者어든

君子 不入也라하시니 佛肹이 以中牟畔이어늘

子之往也는 如之何잇고

子曰 然하다 有是言也어니와

不曰堅乎아 磨而不磷이니라

不曰白乎아 涅而不緇니라

吾豈匏瓜也哉라 焉能繫而不食이리오

필힐이 부르자, 공자께서 가려고 하셨다. 자로가 말하였다.

"옛날에 제(유)가 부자께 들으니, '직접 그 몸에 불선을 한 자는 군자가 그 무리에 들어가지 않는다.'고 하셨습니다.

필힐이 지금 중모를 가지고 반란을 일으켰는데, 부자께서 가려고 하심은 어째서입니까?"

공자께서 말씀하셨다.

"그렇다. 이러한 말을 했었다. 그러나 단단하다고 말하지 않겠는가. 갈아도 얇아지지 않는다.

희다고 말하지 않겠는가. 검은 물을 들여도 검어지지 않는다.

내가 어찌 뒤웅박과 같아서 한 곳에만 매달려 있어 먹지 못하는 것과 같겠는가."

- 佛 클 필 肹 클 힐 畔 배반할 반 磷 얇을 린 涅 검을 날(녈) 緇 검을 치 匏 박 포 瓜 오이 과 繫 맬 계

8_ 子曰 由也아 女聞六言六蔽矣乎아
자 왈 유 야 여 문 륙 언 륙 폐 의 호

對曰 未也로이다
대 왈 미 야

居하라 吾語女호리라
거 오 어 여

好仁不好學이면 其蔽也愚하고
호 인 불 호 학 기 폐 야 우

好知(智)不好學이면 其蔽也蕩하고
호 지 (지) 불 호 학 기 폐 야 탕

好信不好學이면 其蔽也賊하고
호 신 불 호 학 기 폐 야 적

好直不好學이면 其蔽也絞하고
호 직 불 호 학 기 폐 야 교

好勇不好學이면 其蔽也亂하고
호 용 불 호 학 기 폐 야 란

好剛不好學이면 其蔽也狂이니라
호 강 불 호 학 기 폐 야 광

子曰 由也아 女聞六言六蔽矣乎아

對曰 未也로이다

居하라 吾語女호리라

好仁不好學이면 其蔽也愚하고

好知(智)不好學이면 其蔽也蕩하고

好信不好學이면 其蔽也賊하고

好直不好學이면 其蔽也絞하고

好勇不好學이면 其蔽也亂하고

好剛不好學이면 其蔽也狂이니라

- 공자께서 말씀하시기를 "유야, 너는 육언과 육폐를 들었느냐?" 하시자, 자로가 대답하였다.

  "아직 듣지 못하였습니다."

  공자께서 말씀하셨다.

  "앉거라. 내 너에게 말해 주리라. 인(仁)만 좋아하고 배움을 좋아하지 않으면 그 폐단이 어리석게 되고〔愚〕,

  지혜〔智〕만 좋아하고 배움을 좋아하지 않으면 그 폐단이 방탕하게 되고〔蕩〕,

  믿음〔信〕만 좋아하고 배움을 좋아하지 않으면 그 폐단이 해치게 되고〔賊〕,

  정직함〔直〕만 좋아하고 배움을 좋아하지 않으면 그 폐단이 급하게 되고〔絞〕,

  용맹〔勇〕만 좋아하고 배움을 좋아하지 않으면 그 폐단이 난을 일으키게 되고〔亂〕,

  강한〔剛〕 것만 좋아하고 배움을 좋아하지 않으면 그 폐단이 경솔하게 된다〔狂〕."

- 蔽 가릴 폐　居 앉을 거　蕩 방탕할 탕　賊 해칠 적　絞 급할 교

陽貨 第十七

119

9_ 子曰 小子는 何莫學夫詩오
자왈 소자 하막학부시

詩는 可以興이며 可以觀이며
시 가 이 흥 가 이 관

可以群이며 可以怨이며
가 이 군 가 이 원

邇之事父며 遠之事君이요
이 지 사 부 원 지 사 군

多識於鳥獸草木之名이니라
다 식 어 조 수 초 목 지 명

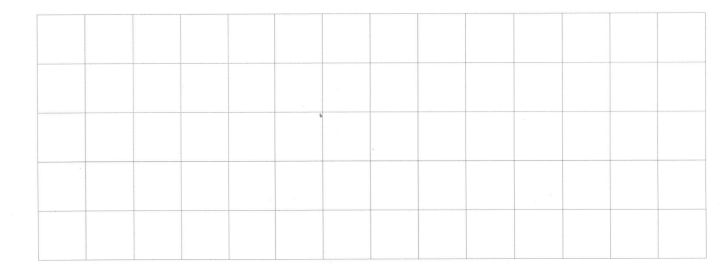

공자께서 말씀하셨다.
"소자(너희)들은 어찌하여 시를 배우지 않느냐. 시는 의지를 흥기시킬 수 있으며, 정치의 득실을 관찰할 수 있으며,
무리 지을 수 있으며, 원망할 수 있으며, 가까이는 어버이를 섬길 수 있으며,
멀리는 임금을 섬길 수 있고, 새와 짐승, 풀과 나무의 이름을 많이 알게 된다."

• 興 일으킬 흥 邇 가까울 이 遠 멀 원

10_ 子謂伯魚曰
자 위 백 어 왈

女爲周南召南矣乎아
여 위 주 남 소 남 의 호

人而不爲周南召南이면
인 이 불 위 주 남 소 남

其猶正牆面而立也與인저
기 유 정 장 면 이 립 야 여

子謂伯魚曰

女爲周南召南矣乎아

人而不爲周南召南이면

其猶正牆面而立也與인저

공자께서 백어에게 이르셨다.
"너는 〈주남〉과 〈소남〉을 배웠느냐?
사람으로서 〈주남〉과 〈소남〉을 배우지 않으면 담장을 정면으로 마주하고 서 있는 것과 같다."

• 牆 담장 장 面 향할 면

11_ 子曰 禮云禮云이나 玉帛云乎哉아
자왈 예운예운 옥백운호재

樂云樂云이나 鍾鼓云乎哉아
악운악운 종고운호재

子曰 禮云禮云이나 玉帛云乎哉아

樂云樂云이나 鍾鼓云乎哉아

공자께서 말씀하셨다.
"예(禮)이다 예이다 하지만 옥백(옥과 폐백)을 이르겠는가.
악(樂)이다 악이다 하지만 종고(종과 북)를 이르겠는가."

• 帛 비단백 鍾 종종 鼓 북고

12_ 子曰 色厲而內荏을 譬諸小人컨대
자왈 색려이내임 비저소인

其猶穿窬之盜也與인저
기유천유지도야여

子曰 色厲而內荏을 譬諸小人컨대

其猶穿窬之盜也與인저

공자께서 말씀하셨다.
"얼굴빛은 위엄스러우면서 마음은 유약한 것을 소인에 비유하면 벽을 뚫고 담을 넘는 좀도적과 같을 것이다."

• 厲 엄할려 荏 유약할임 譬 비유할비 穿 뚫을 천 窬 넘을유

13_ 子曰
　　자 왈

鄕原(愿)은 德之賊也니라
항 원 （원）　덕 지 적 야

子曰

鄕原(愿)은 德之賊也니라

공자께서 말씀하셨다.
"향원은 덕의 적이다."

• 原 삼갈 원

14_ 子曰
　　자 왈

道聽而塗(途)說이면 德之棄也니라
도 청 이 도 （도）설　　덕 지 기 야

子曰

道聽而塗(途)說이면 德之棄也니라

공자께서 말씀하셨다.
"길에서 듣고 길에서 말하면 덕을 버리는 것이다."

• 塗 길 도

15_ 子曰 鄙夫는 可與事君也與哉아
자왈 비부 가여사군야여재

其未得之也엔 患得之하고
기미득지야 환득지

旣得之하얀 患失之하나니
기득지 환실지

苟患失之면 無所不至矣니라
구환실지 무소부지의

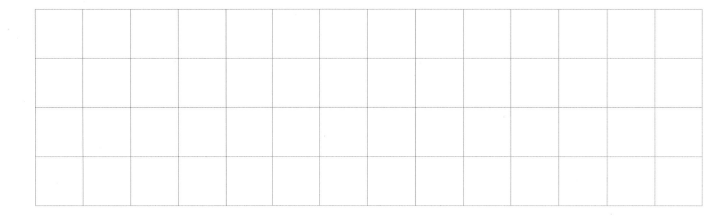

공자께서 말씀하셨다.
"비루한 사람과는 함께 임금을 섬길 수 있겠는가.
부귀를 얻기 전에는 얻지 못할 것을 걱정하고, 이미 얻고 나서는 잃을 것을 걱정하나니,
만일 잃을 것을 걱정한다면 이르지 않는 바가(못하는 짓이) 없을 것이다."

• 鄙 더러울 비, 비루할 비

16_ 子曰 古者에 民有三疾이러니
자왈 고자 민유삼질

今也에는 或是之亡(無)也로다
금야 혹시지무(무)야

古之狂也는 肆러니 今之狂也는 蕩이요
고지광야 사 금지광야 탕

古之矜也는 廉이러니 今之矜也는 忿戾요
고지긍야 렴 금지긍야 분려

古之愚也는 直이러니 今之愚也는 詐而已矣로다
고지우야 직 금지우야 사이이의

子曰 古者에 民有三疾이러니

今也에는 或是之亡(無)也로다

古之狂也는 肆러니 今之狂也는 蕩이요

古之矜也는 廉이러니 今之矜也는 忿戾요

古之愚也는 直이러니 今之愚也는 詐而已矣로다

공자께서 말씀하셨다.
"옛날에는 백성들이 세 가지 병폐가 있었는데, 지금에는 이것마저도 없구나!
옛날의 광(狂)은 작은 예절에 구애받지 않는 것이었는데, 지금의 광은 방탕하기만 하고,
옛날의 긍(矜)은 행동에 모가 난 것이었는데, 지금의 긍은 다툼에 이를 뿐이고,
옛날의 어리석음(愚)은 정직한 것이었는데, 지금의 어리석음은 간사하기만 할 뿐이다."

• 肆 방사할 사 蕩 방탕할 탕 矜 엄숙할 긍 廉 모날 렴 忿 성낼 분 戾 사나울 려

17_ 子曰
자 왈

巧言令色이 鮮矣仁이니라
교 언 영 색   선 의 인

子曰

巧言令色이 鮮矣仁이니라

공자께서 말씀하셨다.
"말을 듣기 좋게 하고 얼굴빛을 곱게 하는 사람은 인(仁)한 이가 적다."

- 令 좋을 령(영)

18_ 子曰 惡紫之奪朱也하며
자왈 오자지탈주야

惡鄭聲之亂雅樂也하며
오 정 성 지 란 아 악 야

惡利口之覆邦家者하노라
오 리 구 지 복 방 가 자

子曰 惡紫之奪朱也하며

惡鄭聲之亂雅樂也하며

惡利口之覆邦家者하노라

공자께서 말씀하셨다.
"나는 자주색이 주색을 빼앗는 것을 미워하며, 정(鄭)나라 음악이 아악을 어지럽히는 것을 미워하며,
말 잘하는 입이 나라를 전복시키는 것을 미워한다."

• 紫 자주빛 자 雅 바를 아 覆 엎어질 복

19_ 子曰 予欲無言하노라
자왈 여욕 무언

子貢曰 子如不言이시면 則小子何述焉이리잇고
자공왈 자여불언 즉소자하술언

子曰 天何言哉시리오
자왈 천하언재

四時行焉하며 百物이 生焉하나니
사시행언 백물 생언

天何言哉시리오
천하언재

子曰 予欲無言하노라

子貢曰 子如不言이시면 則小子何述焉이리잇고

子曰 天何言哉시리오

四時行焉하며 百物이 生焉하나니

天何言哉시리오

공자께서 말씀하셨다. "나는 말하지 않으려 하노라."
자공이 말하였다. "선생께서 만일 말씀하지 않으시면 저희들이 무엇을 전술하겠습니까."
공자께서 말씀하셨다. "하늘이 무슨 말씀을 하시는가? 그런데도 사시가 운행되고 온갖 물건이 생장하나니,
하늘이 무슨 말씀을 하시는가?"

- 述 전술(傳述)할 술

20_ 孺悲欲見孔子어늘 孔子辭以疾하시고
유 비 욕 견 공 자   공 자 사 이 질

將命者 出戶어늘 取瑟而歌하사
장 명 자 출 호   취 슬 이 가

使之聞之하시다
사 지 문 지

孺悲欲見孔子어늘 孔子辭以疾하시고

將命者 出戶어늘 取瑟而歌하사

使之聞之하시다

• 유비가 공자를 뵙고자 하였는데, 공자께서는 병이 있다고 사양하시고 명령을 전달하는 자가 문밖으로 나가자,
슬을 가져다가 타면서 노래를 부르시어 그(유비)로 하여금 듣게 하셨다.

• 孺 사모할 유 辭 사절할 사 將 받들 장 瑟 비파 슬

21-1_ 宰我問 三年之喪이 期已久矣로소이다
재 아 문 삼 년 지 상　　기 이 구 의

君子 三年을 不爲禮면 禮必壞하고
군 자 삼 년　 불 위 례 　 예 필 괴

三年을 不爲樂이면 樂必崩하리니
삼 년　 불 위 악　　 악 필 붕

宰我問 三年之喪이 期已久矣로소이다

君子 三年을 不爲禮면 禮必壞하고

三年을 不爲樂이면 樂必崩하리니

- 재아가 물었다.
  "3년의 상(喪)은 기년만 하더라도 이미 오랩니다. 군자가 3년 동안 예(禮)를 행하지 않으면 예가 반드시 무너지고,
  3년 동안 음악을 익히지 않으면 음악이 반드시 무너질 것입니다."

- 期 돌 기, 기년 기

130

21-2_ 舊穀이 既沒하고 新穀이 既升하며
　　　　구 곡　　기 몰　　　신 곡　　기 승

鑽燧改火하나니 期可已矣로소이다
찬 수 개 화　　　　기 가 이 의

子曰 食夫稻하며 衣夫錦이
자 왈 식 부 도　　　의 부 금

於女(汝)에 安乎아 曰 安하니이다
어 여 (여)　안 호 아　왈 안

舊穀이 既沒하고 新穀이 既升하며

鑽燧改火하나니 期可已矣로소이다

子曰 食夫稻하며 衣夫錦이

於女(汝)에 安乎아 曰 安하니이다

- "묵은 곡식이 이미 없어지고, 새 곡식이 나오며 나무를 뚫어 불씨를 바꾸니, 1년이면 그칠 만합니다."
  공자께서 "쌀밥을 먹고 비단옷을 입는 것이 네 마음에 편안하냐?" 하시니, 재아가 대답하기를 "편안합니다." 하였다.

- 穀 곡식곡 沒 다할몰 升 오를승 鑽 뚫을찬 燧 부싯돌수 稻 벼도 錦 비단금

陽貨 第十七

131

21-3_ 女安則爲之하라
여 안 즉 위 지

夫君子之居喪에 食旨不甘하며
부 군 자 지 거 상 　 식 지 불 감

聞樂不樂하며 居處不安이라
문 악 불 락 　 거 처 불 안

故로 不爲也하나니 今女安則爲之하라
고 　 불 위 야 　 금 여 안 즉 위 지

女安則爲之하라

夫君子之居喪에 食旨不甘하며

聞樂不樂하며 居處不安이라

故로 不爲也하나니 今女安則爲之하라

공자께서 말씀하셨다.
"네가 편안하거든 그리 하라. 군자가 거상할 적에 맛있는 것을 먹어도 달지 않으며,
음악을 들어도 즐겁지 않으며, 거처함에 편안하지 않다. 이 때문에 하지 않는 것이니, 이제 네가 편안하거든 그리 하라."

21-4_ 宰我出이어늘 子曰 予之不仁也여
재 아 출　　　자 왈 여 지 불 인 야

子生三年然後에 免於父母之懷하나니
자 생 삼 년 연 후　　면 어 부 모 지 회

夫三年之喪은 天下之通喪也니
부 삼 년 지 상　　천 하 지 통 상 야

予也有三年之愛於其父母乎아
여 야 유 삼 년 지 애 어 기 부 모 호

宰我出이어늘 子曰 予之不仁也여

子生三年然後에 免於父母之懷하나니

夫三年之喪은 天下之通喪也니

予也有三年之愛於其父母乎아

재아가 밖으로 나가자, 공자께서 말씀하셨다.
"재여의 인(仁)하지 못함이여! 자식이 태어나서 3년이 된 뒤에야 부모의 품을 벗어난다. 3년의 상은 천하의 공통된 상이니, 재여는 3년의 사랑이 그 부모에게 있었는가?"

• 懷품 회

22_ 子曰 飽食終日하여
자 왈 포 식 종 일

無所用心이면 難矣哉라
무 소 용 심   난 의 재

不有博奕者乎아
불 유 박 혁 자 호

爲之猶賢乎已니라
위 지 유 현 호 이

子曰 飽食終日하여

無所用心이면 難矣哉라

不有博奕者乎아

爲之猶賢乎已니라

공자께서 말씀하셨다.
"배불리 먹고 하루를 마쳐서 마음을 쓰는 것이 없다면 어렵다. 장기와 바둑이 있지 않은가.
이것이라도 하는 것이 그만두는 것보다는 낫다."

• 奕 바둑 혁 賢 나을 현 已 그칠 이

23_ 子路曰 君子尚勇乎잇가
자 로 왈 군 자 상 용 호

子曰 君子는 義以爲上이니
자 왈 군 자 의 이 위 상

君子 有勇而無義면 爲亂이요
군 자 유 용 이 무 의 위 란

小人이 有勇而無義면 爲盜니라
소 인 유 용 이 무 의 위 도

子路曰 君子尚勇乎잇가

子曰 君子는 義以爲上이니

君子 有勇而無義면 爲亂이요

小人이 有勇而無義면 爲盜니라

● 자로가 말하기를 "군자는 용맹을 숭상합니까?" 하니, 공자께서 말씀하셨다.
"군자는 의(義)로써 상을 삼는다. 군자가 용(勇)만 있고 의가 없으면 난(亂)을 일으키고,
소인이 용만 있고 의가 없으면 도둑질을 한다."

24_ 子貢曰 君子 亦有惡乎잇가
자공왈 군자 역유오호

子曰 有惡하니 惡稱人之惡者하며
자왈 유오 오칭인지악자

惡居下流而訕上者하며 惡勇而無禮者하며
오거하류이산상자 오용이무례자

惡果敢而窒者니라
오과감이질자

曰 賜也 亦有惡乎아
왈 사야 역유오호

惡徼以爲知(智)者하며
오요이위지 (지) 자

惡不孫(遜)以爲勇者하며
오불손 (손) 이위용자

惡訐以爲直者하노이다
오알이위직자

子貢曰 君子 亦有惡乎잇가

子曰 有惡하니 惡稱人之惡者하며

惡居下流而訕上者하며 惡勇而無禮者하며

惡果敢而窒者니라

曰 賜也 亦有惡乎아

惡徼以爲知(智)者하며

惡不孫(遜)以爲勇者하며

惡訐以爲直者하노이다

<!-- empty practice grid -->

자공이 묻기를 "군자도 미워함이 있습니까?" 하니, 공자께서 말씀하셨다.

"미워함이 있으니, 남의 악함을 말하는 자를 미워하며, 하류에 있으면서 윗사람을 비방하는 자를 미워하며,

용(勇)만 있고 예(禮)가 없는 자를 미워하며, 과감하기만 하고 막힌(융통성이 없는) 자를 미워한다."

공자께서 말씀하시기를 "사야, 너도 미워함이 있느냐?" 하시니, 자공이 대답하였다.

"살피는 것을 지혜로 여기는 자를 미워하며, 겸손하지 않은 것을 용맹으로 여기는 자를 미워하며,

남의 비밀을 들추어내는 것을 정직함으로 여기는 자를 미워합니다."

• 訕 비방할 산 窒 막을 질 徼 살필 요 孫 공손할 손 訐 고자질할 알

25_ 子曰
자왈

唯女子與小人은
유 녀 자 여 소 인

爲難養也니
위 난 양 야

近之則不孫(遜)하고
근 지 즉 불 손 (손)

遠之則怨이니라
원 지 즉 원

子曰

唯女子與小人은

爲難養也니

近之則不孫(遜)하고

遠之則怨이니라

공자께서 말씀하셨다.
"여자와 소인은 대하기가 어려우니, 가까이 하면 불손하고 멀리 하면 원망한다."

26_　子曰
　　　자 왈

　　　年四十而見惡焉이면
　　　년 사 십 이 견 오 언

　　　其終也已니라
　　　기 종 야 이

子曰

年四十而見惡焉이면

其終也已니라

공자께서 말씀하셨다.
"나이가 40이 되어서도 남에게 미움을 받는다면 그대로 끝날 뿐이다."

• 見 당할 견

論語

微子 第十八

1_　微子는 去之하고
　　　미 자　거 지

　　　箕子는 爲之奴하고
　　　기 자　위 지 노

　　　比干은 諫而死하니라
　　　비 간　간 이 사

　　　孔子曰 殷有三仁焉하니라
　　　공 자 왈 은 유 삼 인 언

微子는 去之하고

箕子는 爲之奴하고

比干은 諫而死하니라

孔子曰 殷有三仁焉하니라

미자는 떠나가고, 기자는 종이 되고 비간은 간하다가 죽었다.
공자께서 말씀하셨다.
"은(殷)나라에 세 인자가 있었다."

• 箕 키 기 諫 간할 간 殷 은나라 은

2— 柳下惠爲士師하여 三黜이어늘
류 하 혜 위 사 사   삼 출

人曰 子未可以去乎아
인 왈 자 미 가 이 거 호

曰 直道而事人이면 焉往而不三黜이며
왈 직 도 이 사 인   언 왕 이 불 삼 출

枉道而事人이면 何必去父母之邦이리오
왕 도 이 사 인   하 필 거 부 모 지 방

柳下惠爲士師하여 三黜이어늘

人曰 子未可以去乎아

曰 直道而事人이면 焉往而不三黜이며

枉道而事人이면 何必去父母之邦이리오

• 류하혜가 사사가 되어 세 번 내침을 당하자, 혹자가 말하기를 "그대는 아직 떠날 만하지 않은가" 하니,
   류하혜가 대답하였다.
   "도(道)를 곧게 하여 사람(군주)을 섬긴다면 어디를 간들 세 번 내침을 당하지 않으며,
   도를 굽혀 사람을 섬긴다면 하필(어찌 굳이) 부모의 나라(고국)를 떠나가겠는가."

• 黜 쫓겨날 출 焉 어찌 언

3__ 齊景公이 待孔子曰
제 경 공   대 공 자 왈

若季氏則吾不能이어니와
약 계 씨 즉 오 불 능

以季孟之間으로 待之호리라하고
이 계 맹 지 간   대 지

曰 吾老矣라 不能用也라한대
왈 오 로 의   불 능 용 야

孔子行하시다
공 자 행

齊景公이 待孔子曰

若季氏則吾不能이어니와

以季孟之間으로 待之호리라하고

曰 吾老矣라 不能用也라한대

孔子行하시다

제(齊)나라 경공이 공자를 대우하며 말하기를
"계씨와 같이 대우함은 내 하지 못하겠으나 계씨와 맹씨의 중간으로 대우하겠다." 하고는 다시
"내가 늙었으니, 그의 말을 쓰지 못하겠다."라고 하자, 공자께서 떠나가셨다.

• 待 대접할 대

142

4_ 齊人이 歸女樂이어늘
제 인 귀 녀 악

季桓子受之하고 三日不朝한대
계 환 자 수 지 삼 일 부 조

孔子行하시다
공 자 행

齊人이 歸女樂이어늘

季桓子受之하고 三日不朝한대

孔子行하시다

• 제(齊)나라 사람이 여악(미녀 악공)을 보내니,
계환자가 이것을 받고 3일을 조회하지 않자, 공자께서 떠나가셨다.

• 歸 선물할 귀 朝 조회할 조

5_ 楚狂接輿 歌而過孔子曰
초 광 접 여 가 이 과 공 자 왈

鳳兮鳳兮여 何德之衰오
봉 혜 봉 혜 하 덕 지 쇠

往者는 不可諫이어니와
왕 자 불 가 간

來者는 猶可追니 已而已而어다
래 자 유 가 추 이 이 이 이

今之從政者 殆而니라
금 지 종 정 자 태 이

孔子下하사 欲與之言이러시니
공 자 하 욕 여 지 언

趨而辟(避)之하니 不得與之言하시다
추 이 피 (피) 지 부 득 여 지 언

楚狂接輿 歌而過孔子曰

鳳兮鳳兮여 何德之衰오

往者는 不可諫이어니와

來者는 猶可追니 已而已而어다

今之從政者 殆而니라

孔子下하사 欲與之言이러시니

趨而辟(避)之하니 不得與之言하시다

초(楚)나라 광인인 접여가 공자의 수레 앞을 지나가며 노래하였다.
"봉(鳳)이여, 봉이여! 어찌 덕(德)이 쇠하였는가. 지나간 것은 간할 수 없지만 오는 것은 오히려 따를 수 있으니, 그만둘지어다. 그만둘지어다. 오늘날 정사에 종사하는 자들은 위태롭다."
공자께서 수레에서 내려 그와 더불어 말씀하려고 하셨는데, 빨리 걸어가 피하니 그와 함께 말씀하시지 못하였다.

• 輿 수레 여 歌 노래할 가 鳳 봉새 봉 趨 취향추, 달려갈 추 辟 피할 피

6-1_ 長沮, 桀溺이 耦而耕이러니
장저 걸닉 우 이경

孔子過之하실새 使子路問津焉하신대
공자과지 사 자로문진언

長沮曰 夫執輿者 爲誰오
장저왈 부집여자위수

子路曰 爲孔丘시니라 曰 是魯孔丘與아
자로왈위공구 왈 시노공구여

曰 是也시니라 曰 是知津矣니라
왈 시야 왈 시 지진의

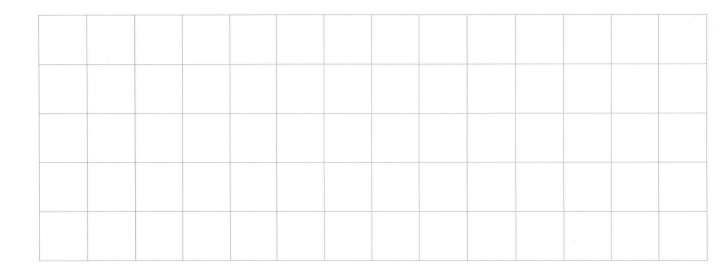

長沮, 桀溺이 耦而耕이러니

孔子過之하실새 使子路問津焉하신대

長沮曰 夫執輿者 爲誰오

子路曰 爲孔丘시니라 曰 是魯孔丘與아

曰 是也시니라 曰 是知津矣니라

장저와 걸닉이 함께 밭을 갈고 있었는데, 공자께서 지나가실 적에 자로를 시켜 나루터를 묻게 하셨다.
장저가 말하기를 "수레 고삐를 잡고 있는 분이 누구인가?" 하자, 자로가 "공구이십니다." 하고 대답하였다.
그가 "이 분이 노(魯)나라의 공구인가?" 하고 다시 묻자, "그렇습니다." 하고 대답하니,
"이 분은 나루터를 알 것이다." 하였다.

• 沮 막을 저 溺 빠질 닉 耦 짝 우 津 나루 진

6-2_ 問於桀溺한대 桀溺曰 子爲誰오 曰 爲仲由로라
문 어 걸 닉   걸 닉 왈 자 위 수   왈 위 중 유

曰 是魯孔丘之徒與아 對曰 然하다
왈 시 노 공 구 지 도 여   대 왈 연

曰 滔滔者天下皆是也니 而誰以易之리오
왈 도 도 자 천 하 개 시 야   이 수 이 역 지

且而與其從辟(避)人之士也론
차 이 여 기 종 피 (피) 인 지 사 야

豈若從辟世之士哉리오하고 耰而不輟하나라
기 약 종 피 세 지 사 재   우 이 불 철

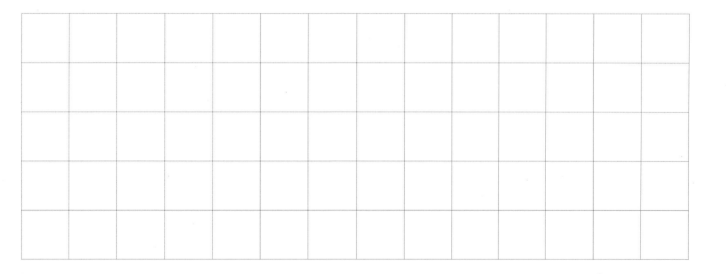

걸닉에게 묻자, 걸닉이 "당신은 누구인가?" 하고 물으니, 자로는 "중유라 합니다." 하고 대답하였다.
그는 "그대가 바로 노나라 공구의 무리인가?" 하고 다시 물으니, "그렇습니다." 하고 대답하였다.
그는 "도도한 것이 천하가 모두 이러하니, 누구와 더불어 개혁시키겠는가. 또 그대가 사람을 피하는 선비를 따르기보다는
세상을 피하는 선비를 따르는 것이 어떠하겠는가." 하고는 씨앗 덮는 일을 그치지 않았다.

• 徒 무리도 滔 물흐를도 誰 누구수 以 더불이 而 너이 耰 써레질할우 輟 그칠철

6-3_ 子路行하여 以告한대 夫子憮然曰
자 로 행 이 고 부 자 무 연 왈

鳥獸는 不可與同群이니
조 수 불 가 여 동 군

吾非斯人之徒를 與요 而誰與리오
오 비 사 인 지 도 여 이 수 여

天下有道면 丘不與易也니라
천 하 유 도 구 불 여 역 야

子路行하여 以告한대 夫子憮然曰
鳥獸는 不可與同群이니
吾非斯人之徒를 與요 而誰與리오
天下有道면 丘不與易也니라

자로가 돌아와 아뢰니, 부자께서 한동안 무연히 계시다가 말씀하셨다.
"조수와는 함께 무리지어 살 수 없으니, 내가 이 사람의 무리와(이 세상 사람들과) 함께 하지 않고 누구와 함께 하겠는가.
천하에 도(道)가 있다면 내 더불어 개혁시키려 하지 않을 것이다."

• 憮 실심할 무 獸 짐승 수 群 무리 군

7-1_ 子路從而後러니 遇丈人以杖荷蓧하여
자 로 종 이 후　　우 장 인 이 장 하 조

子路問曰 子見夫子乎아
자 로 문 왈 자 견 부 자 호

丈人曰 四體를 不勤하며 五穀을 不分하나니
장 인 왈 사 체 불 근　　오 곡 불 분

孰爲夫子오하고 植其杖而芸하나라
숙 위 부 자　　치 기 장 이 운

子路從而後러니 遇丈人以杖荷蓧하여

子路問曰 子見夫子乎아

丈人曰 四體를 不勤하며 五穀을 不分하나니

孰爲夫子오하고 植其杖而芸하나라

자로가 공자를 따라가다가 뒤에 처져 있었는데, 지팡이로 대바구니를 멘 장인을 만나자, 자로가 묻기를 "노인은 우리 부자를 보셨습니까?" 하니,
장인이 말하기를 "사체(사지)를 부지런히 움직이지 않고, 오곡을 분별하지 못하니, 누구를 부자라 하는가?" 하고,
지팡이를 꽂아놓고 김을 매었다.

* 蓧 대삼태기조 丈 어른장 穀 곡식곡 植 꽂을치 芸 김맬운

7-2_ 子路拱而立한대 止子路宿하여
자로공이립 지자로숙

殺鷄爲黍而食之하고
살계위서이사지

見其二子焉이어늘 明日에 子路行하여
현기이자언 명일 자로행

以告한대 子曰 隱者也라하시고
이고 자왈 은자야

使子路反見之러시니 至則行矣러라
사자로반견지 지즉행의

子路拱而立한대 止子路宿하여

殺鷄爲黍而食之하고

見其二子焉이어늘 明日에 子路行하여

以告한대 子曰 隱者也라하시고

使子路反見之러시니 至則行矣러라

자로가 손을 모으고 서 있자, 자로를 머물러 유숙하게 하고는
닭을 잡고 기장밥을 지어 먹이고 그의 두 아들로 하여금 자로를 뵙게 하였다.
다음날 자로가 떠나와서 공자께 아뢰니, 공자께서 "은자이다." 하시고,
자로로 하여금 돌아가 만나보게 하셨는데, 도착하니 떠나가고 없었다.

• 拱 두손맞잡을 공 宿 묵을 숙 鷄 닭 계 黍 기장 서 食 먹일 사

7-3_ 子路曰 不仕無義하니 長幼之節을
자 로 왈 불 사 무 의　　　장 유 지 절

不可廢也니 君臣之義를 如之何其廢之리오
불 가 폐 야　　군 신 지 의　　여 지 하 기 폐 지

欲潔其身而亂大倫이로다
욕 결 기 신 이 란 대 륜

君子之仕也는 行其義也니
군 자 지 사 야　　행 기 의 야

道之不行은 已知之矣시니라
도 지 불 행　　이 지 지 의

子路曰 不仕無義하니 長幼之節을

不可廢也니 君臣之義를 如之何其廢之리오

欲潔其身而亂大倫이로다

君子之仕也는 行其義也니

道之不行은 已知之矣시니라

자로가 말하였다.

"벼슬하지 않는 것은 의(義)가 없으니, 장유의 예절을 폐할 수 없는데 군신의 의를 어찌 폐할 수 있겠는가.

벼슬하지 않음은 자기 몸을 깨끗하게 하고자 하여 대륜을 어지럽히는 것이다.

군자가 벼슬함은 그 의를 행하는 것이니, 도(道)가 행해지지 않음은 이미 알고 계시다."

• 仕 벼슬할 사 廢 폐할 폐 潔 깨끗할 결 倫 차례 륜

8-1_ 逸民은
일민

伯夷와 叔齊와 虞仲과 夷逸과
백이 숙제 우중 이일

朱張과 柳下惠와 少連이니라
주 장 류하혜 소련

子曰 不降其志하며
자 왈 불강기지

不辱其身은 伯夷叔齊與인저
불욕기신 백이숙제여

謂柳下惠少連하사되 降志辱身矣나
위 류하혜소련 강지욕신의

言中倫하며 行中慮하니 其斯而已矣니라
언중륜 행중려 기사이이의

逸民은

伯夷와 叔齊와 虞仲과 夷逸과

朱張과 柳下惠와 少連이니라

子曰 不降其志하며

不辱其身은 伯夷叔齊與인저

謂柳下惠少連하사되 降志辱身矣나

言中倫하며 行中慮하니 其斯而已矣니라

152

- 일민은 백이와 숙제와 우중과 이일과 주장과 류하혜와 소련이었다.
공자께서 말씀하셨다. "그 뜻을 굽히지 않고 그 몸을 욕되게 하지 않은 것은 백이와 숙제일 것이다."
류하혜와 소련을 평하시기를 "뜻을 굽히고 몸을 욕되게 하였으나,
말이 의리(조리)에 맞으며 행실이 올바른 사려에 맞았으니. 이뿐이다." 하셨다.

- 逸 숨을 일 虞 헤아릴 우 連 이을 련 降 내릴 강 中 맞을 중 慮 생각 려

8-2__ 謂虞仲夷逸하사되
위 우 중 이 일

隱居放言하나 身中淸하며 廢中權이니라
은 거 방 언 　 신 중 청 　 폐 중 권

我則異於是하여 無可無不可호라
아 즉 이 어 시 　 무 가 무 불 가

謂虞仲夷逸하사되

隱居放言하나 身中淸하며 廢中權이니라

我則異於是하여 無可無不可호라

우중과 이일을 평하시기를

"숨어 살면서 말을 함부로 하였으나, 몸은 깨끗함에 맞았고 폐함(벼슬하지 않음)은 권도에 맞았다.

나는 이와 달라서 가한 것도 없고 불가한 것도 없다." 하셨다.

9_ 大(太)師摯는 適齊하고 亞飯干은 適楚하고
태 (태) 사 지 적 제 아 반 간 적 초

三飯繚는 適蔡하고 四飯缺은 適秦하고
삼 반 료 적 채 사 반 결 적 진

鼓方叔은 入於河하고
고 방 숙 입 어 하

播鼗武는 入於漢하고
파 도 무 입 어 한

少師陽과 擊磬襄은 入於海하니라
소 사 양 격 경 양 입 어 해

大(太)師摯는 適齊하고 亞飯干은 適楚하고

三飯繚는 適蔡하고 四飯缺은 適秦하고

鼓方叔은 入於河하고

播鼗武는 入於漢하고

少師陽과 擊磬襄은 入於海하니라

- 태사 지는 제(齊)나라로 갔고, 아반 간은 초(楚)나라로 갔고, 삼반 료는 채(蔡)나라로 갔고, 사반 결은 진(秦)나라로 갔고, 북을 치는 방숙은 하내로 들어갔고, 소고를 흔드는 무는 한중으로 들어갔고, 소사 양과 경쇠를 치는 양은 해도로 들어갔다.

- 摯 지극할지 適 갈적 亞 버금아 繚 얽을료 缺 이지러질 결 播 뿌릴파 鼗 소고도 磬 경쇠경 襄 도울양

微子 第十八

10_ 周公이 謂魯公曰
주공 위노공왈

君子不施(弛)其親하며
군자불이 (이) 기친

不使大臣으로 怨乎不以하며
불사대신 원호불이

故舊無大故면 則不棄也하며
고구무대고 즉불기야

無求備於一人이니라
무구비어일인

周公이 謂魯公曰

君子不施(弛)其親하며

不使大臣으로 怨乎不以하며

故舊無大故면 則不棄也하며

無求備於一人이니라

• 주공이 노공에게 이르셨다.
"군자는 그 친척을 버리지 않으며, 대신으로 하여금 써주지 않는 것을 원망하지 않게 하며,
고구(옛 친구나 선임자)가 큰 연고가 없으면 버리지 않으며, 한 사람에게 완비하기를 요구하지 말아야 한다."

• 施 버릴이 以 쓸이 棄 버릴기

11_ 周有八士하니
   주 유 팔 사

   伯達과 伯适과 仲突과
   백 달   백 괄   중 돌

   仲忽과 叔夜와 叔夏와
   중 홀   숙 야   숙 하

   季隨와 季騧니라
   계 수   계 와

周有八士하니

伯達과 伯适과 仲突과

仲忽과 叔夜와 叔夏와

季隨와 季騧니라

주(周)나라에 여덟 선비가 있었으니,
백달과 백괄, 중돌과 중홀, 숙야와 숙하, 계수와 계와이다.

● 适 빠를 괄 騧 공골말 와

論 語

子張 第十九

1_ 子張曰 士見危致命하며
　　자장왈 사견위치명

　　見得思義하며 祭思敬하며
　　견득사의　　제사경

　　喪思哀면 其可已矣니라
　　상사애　　기가이의

子張曰 士見危致命하며

見得思義하며 祭思敬하며

喪思哀면 其可已矣니라

자장이 말하였다.
"선비가 위태로움을 보고 목숨을 바치며, 이익을 보고 의(義)를 생각하며, 제사에 공경함을 생각하며,
상에 슬픔을 생각한다면 괜찮다."

• 致 바칠 치　命 목숨 명

2— 子張曰 執德不弘하며
　　　　자 장 왈　집 덕 불 홍

信道不篤이면 焉能爲有며
신 도 부 독　　　언 능 위 유

焉能爲亡(無)리오
언 능 위 무 (무)

子張曰 執德不弘하며

信道不篤이면 焉能爲有며

焉能爲亡(無)리오

자장이 말하였다.
"덕(德)을 잡음(지킴)이 넓지 못하며 도(道)를 믿음이 독실하지 못하면 어찌 있다고 말하며 어찌 없다고 말하겠는가."

• 執 잡을집 弘 넓을홍 亡 없을무

3_ 子夏之門人이 問交於子張한대
자 하 지 문 인 문 교 어 자 장

子張曰 子夏云何오
자 장 왈 자 하 운 하

對曰 子夏曰 可者를 與之하고
대 왈 자 하 왈 가 자 여 지

其不可者를 拒之라하더이다
기 불 가 자 거 지

子張曰 異乎吾所聞이로다
자 장 왈 이 호 오 소 문

君子는 尊賢而容衆하며
군 자 존 현 이 용 중

嘉善而矜不能이니 我之大賢與인댄
가 선 이 긍 불 능 아 지 대 현 여

於人에 何所不容이며 我之不賢與인댄
어 인 하 소 불 용 아 지 불 현 여

人將拒我니 如之何其拒人也리오
인 장 거 아 여 지 하 기 거 인 야

子夏之門人이 問交於子張한대

子張曰 子夏云何오

對曰 子夏曰 可者를 與之하고

其不可者를 拒之라하더이다

子張曰 異乎吾所聞이로다

君子는 尊賢而容衆하며

嘉善而矜不能이니 我之大賢與인댄

於人에 何所不容이며 我之不賢與인댄

人將拒我니 如之何其拒人也리오

자하의 문인이 자장에게 벗 사귀는 것을 묻자, 자장이 "자하가 무어라고 하던가?" 하고 되물으니,
대답하기를 "자하께서 '가한 자를 사귀고 불가한 자를 거절하라(사귀지말라).' 하셨습니다." 하였다.
자장이 말하였다. "내가 들은 것과는 다르다. 군자는 어진 사람을 존경하고 대중을 포용하며, 잘하는 이를 아름답게 여기
고 능하지 못한 이를 가엾게 여긴다. 내가 크게 어질다면 남들에 대해 누구인들 용납하지 못할 것이며, 내가 어질지 못하다
면 남들이 장차 나를 거절할 것이니, 내가 어떻게 남을 거절할 수 있겠는가."

• 拒 막을 거 嘉 아름다울 가

4_ 子夏曰 雖小道나
자 하 왈 수 소 도

必有可觀者焉이어니와
필 유 가 관 자 언

致遠恐泥라
치 원 공 니

是以로 君子不爲也니라
시 이 군 자 불 위 야

子夏曰 雖小道나

必有可觀者焉이어니와

致遠恐泥라

是以로 君子不爲也니라

자하가 말하였다.
"비록 작은 도(道)〔기예〕라도 반드시 볼 만한 것이 있으나 원대함에 이르는 데 장애가 될까 두렵다.
이 때문에 군자가 하지 않는 것이다."

• 泥 막힐 니

5_

子夏曰 日知其所亡(無)하며
자 하 왈 일 지 기 소 무 (무)

月無忘其所能이면 可謂好學也已矣니라
월 무 망 기 소 능 　 가 위 호 학 야 이 의

子夏曰 日知其所亡(無)하며

月無忘其所能이면 可謂好學也已矣니라

- 자하가 말하였다.
  "날마다 모르는 것을 알며, 달마다 능한 것을 잊지 않으면 학문을 좋아한다고 이를 만하다."

- 忘 잊을 망

6_

子夏曰 博學而篤志하며
자 하 왈 박 학 이 독 지

切問而近思하면 仁在其中矣니라
절 문 이 근 사 　 인 재 기 중 의

子夏曰 博學而篤志하며

切問而近思하면 仁在其中矣니라

- 자하가 말하였다.
  "배우기를 널리 하고 뜻을 독실히 하며, 절실하게 묻고 가까이(현실에 필요한 것을) 생각하면 인(仁)이 이 가운데 있다."

- 博 넓을 박　篤 도타울 독　切 간절할 절

子張 第十九

7_ 子夏曰 百工이 居肆하여
자 하 왈 백 공　거 사

以成其事하고 君子學하여 以致其道니라
이 성 기 사　군 자 학　　　이 치 기 도

子夏曰 百工이 居肆하여

以成其事하고 君子學하여 以致其道니라

자하가 말하였다.
"여러 공인들은 공장에 있으면서 그 일을 이루고, 군자는 배워서 그 도(道)를 지극히 한다."

• 肆 자리 사, 가게 사　致 지극할 치

8_ 子夏曰
자 하 왈

小人之過也는 必文이니라
소 인 지 과 야　　필 문

子夏曰

小人之過也는 必文이니라

자하가 말하였다.
"소인의 허물은 반드시 문식한다."

• 文 꾸밀 문

164

9_ 子夏曰 君子有三變하니
자 하 왈 군 자 유 삼 변

望之儼然하고
망 지 엄 연

卽之也溫하고
즉 지 야 온

聽其言也厲니라
청 기 언 야 려

子夏曰 君子有三變하니

望之儼然하고

卽之也溫하고

聽其言也厲니라

- 자하가 말하였다.
  "군자는 세 가지 변함이 있으니, 멀리서 바라보면 엄연(엄숙)하고,
  그 앞에 나아가면 온화하고, 그 말을 들어보면 명확하다."

- 儼 엄숙할 엄 卽 나아갈 즉

10_ 子夏曰 君子는
자 하 왈 군 자

信而後에 勞其民이니
신 이 후 　 노 기 민

未信則以爲厲己也니라
미 신 즉 이 위 려 기 야

信而後에 諫이니
신 이 후 　 간

未信則以爲謗己也니라
미 신 즉 이 위 방 기 야

子夏曰 君子는

信而後에 勞其民이니

未信則以爲厲己也니라

信而後에 諫이니

未信則以爲謗己也니라

● 자하가 말하였다.
　"군자는 백성들에게 신임을 얻은 뒤에 백성을 부리니, 신임을 얻지 못하고 부리면 백성들이 자신들을 괴롭힌다고 여긴다.
　윗사람에게 신임을 얻은 뒤에 간하니, 신임을 얻지 못하고 간하면 윗사람이 자신을 비방한다고 여긴다."

● 厲 해칠 려 謗 비방할 방

11_ 子夏曰
자 하 왈

大德이 不踰閑이면
대 덕 불 유 한

小德은 出入이라도 可也니라
소 덕 출 입 가 야

子夏曰

大德이 不踰閑이면

小德은 出入이라도 可也니라

자하가 말하였다.
"큰 덕(德)이 한계를 넘지 않으면 작은 덕은 출입하여도 괜찮다."

• 踰 넘을 유 閑 울타리 한

12_ 子游曰 子夏之門人小子
자유왈 자하지문인소자

當灑掃, 應對, 進退則可矣어니와
당쇄소 응대 진퇴즉가의

抑末也라 本之則無하니 如之何오
억말야 본지즉무 여지하

子夏聞之하고 曰 噫라 言游過矣로다
자하문지 왈 희 언유과의

君子之道 孰先傳焉이며 孰後倦焉이리오
군자지도 숙선전언 숙후권언

譬諸草木컨대 區以別矣니
비저초목 구이별의

君子之道 焉可誣也리오
군자지도 언가무야

有始有卒者는 其惟聖人乎인저
유시유졸자 기유성인호

子游曰 子夏之門人小子

當灑掃, 應對, 進退則可矣어니와

抑末也라 本之則無하니 如之何오

子夏聞之하고 曰 噫라 言游過矣로다

君子之道 孰先傳焉이며 孰後倦焉이리오

譬諸草木컨대 區以別矣니

君子之道 焉可誣也리오

有始有卒者는 其惟聖人乎인저

- 자유가 말하였다.

"자하의 문인소자(제자)들은 물 뿌리고, 청소하며 응대하고 진퇴하는 예절을 당해서는 괜찮지만 이는 지엽적인 일이다.

근본을 미루어보면 없으니, 어찌하겠는가."

자하가 듣고서 말하였다.

"아, 언유의 말이 지나치다. 군자의 도(道)가 어느 것을 먼저라 하여 전수하며, 어느 것을 뒤라 하여 게을리 하겠는가.

초목에 비유하면 종류로 구별되는 것과 같으니, 군자의 도가 어찌 이처럼 속이겠는가.

처음과 끝을 구비한 것은 오직 성인이실 것이다."

- 灑 물뿌릴 쇄 掃 쓸 소 噫 한숨쉴 희 孰 무엇 숙 後 뒤 후 譬 비유할 비 區 구역 구 誣 속일 무 卒 마칠 졸

169

13_

子夏曰
자 하 왈

仕而優則學하고 學而優則仕니라
사 이 우 즉 학　　　　학 이 우 즉 사

子夏曰

仕而優則學하고 學而優則仕니라

자하가 말하였다.
"벼슬하면서 여가가 있으면 배우고, 배우고서 여가가 있으면 벼슬을 한다."

- 仕 벼슬할 사　優 넉넉할 우

14_

子游曰
자 유 왈

喪은 致乎哀而止니라
상 　 치 호 애 이 지

子游曰

喪은 致乎哀而止니라

자유가 말하였다.
"상(喪)은 슬픔을 극진히 할 뿐이다."

- 致 지극할 치

15_ 子游曰
자 유 왈

吾友張也 爲難能也나 然而未仁이니라
오 우 장 야 위 난 능 야　　　연 이 미 인

子游曰

吾友張也　爲難能也나　然而未仁이니라

자유가 말하였다.
"나의 벗, 자장은 어려운 일을 잘하나 그러나 어질지는 못하다."

16_ 曾子曰
증 자 왈

堂堂乎라 張也여 難與並爲仁矣로다
당 당 호　　장 야　　난 여 병 위 인 의

曾子曰

堂堂乎라　張也여　難與並爲仁矣로다

증자가 말씀하였다.
"당당하구나! 자장이여. 함께 인(仁)을 하기 어렵도다."

• 並 함께할 병

17_ 曾子曰 吾聞諸夫子호니
중자왈 오문저부자

人未有自致者也나
인미유자치자야

必也親喪乎인저
필야친상호

曾子曰 吾聞諸夫子호니

人未有自致者也나

必也親喪乎인저

증자가 말씀하였다.
"내가 부자께 들으니, '사람이 스스로 정성(진정)을 다함이 없으나 반드시 친상에는 정성을 다하게 된다.' 하셨다."

18_ 曾子曰 吾聞諸夫子호니
증 자 왈 오 문 저 부 자

孟莊子之孝也는
맹 장 자 지 효 야

其他는 可能也어니와
기 타 가 능 야

其不改父之臣與父之政은
기 불 개 부 지 신 여 부 지 정

是難能也니라
시 난 능 야

曾子曰 吾聞諸夫子호니

孟莊子之孝也는

其他는 可能也어니와

其不改父之臣與父之政은

是難能也니라

증자가 말씀하였다.
"내가 부자께 들으니, '맹장자의 효는 그 다른 일은 능히 할 수 있으나 아버지의 신하(가신)와 아버지의 정사를 고치지 않은 것은 능하기 어렵다.' 하셨다."

19_ 孟氏使陽膚로 爲士師라 問於曾子한대
맹 씨 사 양 부 위 사 사 문 어 증 자

曾子曰 上失其道하여 民散이 久矣니
증 자 왈 상 실 기 도 민 산 구 의

如得其情이면 則哀矜而勿喜니라
여 득 기 정 즉 애 긍 이 물 희

孟氏使陽膚로 爲士師라 問於曾子한대

曾子曰 上失其道하여 民散이 久矣니

如得其情이면 則哀矜而勿喜니라

> 맹씨가 양부를 사사로 임명하자, 양부가 증자에게 옥사의 처리에 관하여 물으니, 증자가 말씀하였다.
> "윗사람이 도리를 잃어 백성들이 이반한 지가 오래되었다.
> 만일 이반한 실정을 알면 불쌍히 여기고 기뻐하지 말아야 한다."

- 膚 살갗부 矜 불쌍할긍

20_ 子貢曰 紂之不善이 不如是之甚也니
자 공 왈 주 지 불 선　　불 여 시 지 심 야

是以로 君子惡居下流하나니
시 이　군 자 오 거 하 류

天下之惡이 皆歸焉이니라
천 하 지 악　개 귀 언

子貢曰 紂之不善이 不如是之甚也니

是以로 君子惡居下流하나니

天下之惡이 皆歸焉이니라

- 자공이 말하였다.
  "주왕의 불선이 이처럼 심하지는 않았으니, 이 때문에 군자가 하류에 거하는 것을 싫어한다.
  하류에 있으면 천하의 악이 모두 돌아온다."

- 紂 주(紂)임금 주

21_ 子貢曰 君子之過也는
자공왈 군자지과야

如日月之食焉이라
여일월지식언

過也에 人皆見之하고
과야 인개견지

更也에 人皆仰之니라
경야 인개앙지

子貢曰 君子之過也는

如日月之食焉이라

過也에 人皆見之하고

更也에 人皆仰之니라

자공이 말하였다.
"군자의 허물은 일식 · 월식과 같아서 잘못이 있을 적에 사람들이 모두 보고,
허물을 고쳤을 적에 사람들이 모두 우러러본다."

• 食 먹힐식 更 고칠경 仰 우러를앙

22_ 衛公孫朝 問於子貢曰 仲尼焉學고
위 공 손 조 문 어 자 공 왈 중 니 언 학

子貢曰 文武之道 未墜於地하여 在人이라
자 공 왈 문 무 지 도 미 추 어 지 재 인

賢者는 識其大者하고 不賢者는 識其小者하여
현 자 지 기 대 자 불 현 자 지 기 소 자

莫不有文武之道焉하니 夫子焉不學이시며
막 불 유 문 무 지 도 언 부 자 언 불 학

而亦何常師之有시리오
이 역 하 상 사 지 유

衛公孫朝 問於子貢曰 仲尼焉學고

子貢曰 文武之道 未墜於地하여 在人이라

賢者는 識其大者하고 不賢者는 識其小者하여

莫不有文武之道焉하니 夫子焉不學이시며

而亦何常師之有시리오

위(衛)나라 공손조가 자공에게 물었다. "중니는 어디에서 배웠는가?"
자공이 말하였다. "문왕·무왕의 도(道)가 아직 땅에 떨어지지 않아 사람들에게 남아 있다.
현자는 그 큰 것을 기억하고 어질지 못한 자는 작은 것을 기억하고 있어서 문왕·무왕의 도가 있지 않음이 없으니,
부자께서 어디선들 배우지 않으시며 또한 어찌 일정한 스승이 있으시겠는가."

• 墜 떨어질 추 識 기억할 지 焉 어찌 언

23_ 叔孫武叔이 語大夫於朝曰
숙 손 무 숙　　어 대 부 어 조 왈

子貢이 賢於仲尼하니라
자 공　　현 어 중 니

子服景伯이 以告子貢한대
자 복 경 백　　이 고 자 공

子貢曰 譬之宮牆컨댄
자 공 왈　비 지 궁 장

賜之牆也는 及肩이라 窺見室家之好어니와
사 지 장 야　　급 견　　규 견 실 가 지 호

夫子之牆은 數仞이라 不得其門而入이면
부 자 지 장　　수 인　　부 득 기 문 이 입

不見宗廟之美와 百官之富니
불 견 종 묘 지 미　　백 관 지 부

得其門者 或寡矣니 夫子之云이 不亦宜乎아
득 기 문 자　혹 과 의　　부 자 지 운　　불 역 의 호

叔孫武叔이 語大夫於朝曰

子貢이 賢於仲尼하니라

子服景伯이 以告子貢한대

子貢曰 譬之宮牆컨댄

賜之牆也는 及肩이라 窺見室家之好어니와

夫子之牆은 數仞이라 不得其門而入이면

不見宗廟之美와 百官之富니

得其門者 或寡矣니 夫子之云이 不亦宜乎아

숙손무숙이 조정에서 대부들에게 말하기를 "자공이 중니보다 낫다." 하였다.

자복경백이 이것을 자공에게 말하자, 자공이 말하였다.

"궁궐의 담장에 비유하면 나(사)의 담장은 어깨에 미쳐 집안의 좋은 것들을 들여다 볼 수 있지만,

부자의 담장은 여러 길이어서 그 문을 얻어 들어가지 못하면 종묘의 아름다움과 백관의 많음을 볼 수가 없다.

그 문을 얻는 자가 혹 적으니, 부자(숙손)의 말씀이 당연하지 않은가."

- 譬 비유할 비 牆 담 장 肩 어깨 견 窺 엿볼 규 仞 길 인 寡 적을 과

24_ 叔孫武叔이 毀仲尼어늘
숙 손 무 숙 훼 중 니

子貢曰 無以爲也하라
자 공 왈 무 이 위 야

仲尼는 不可毀也니 他人之賢者는
중 니 불 가 훼 야 타 인 지 현 자

丘陵也라 猶可踰也어니와
구 릉 야 유 가 유 야

仲尼는 日月也라 無得而踰焉이니
중 니 일 월 야 무 득 이 유 언

人雖欲自絕이나 其何傷於日月乎리오
인 수 욕 자 절 기 하 상 어 일 월 호

多見其不知量也로다
다 견 기 부 지 량 야

叔孫武叔이 毀仲尼어늘

子貢曰 無以爲也하라

仲尼는 不可毀也니 他人之賢者는

丘陵也라 猶可踰也어니와

仲尼는 日月也라 無得而踰焉이니

人雖欲自絕이나 其何傷於日月乎리오

多見其不知量也로다

숙손무숙이 중니를 훼방하자, 자공이 말하였다.
"그러지 말라. 중니는 훼방할 수 없으니, 타인의 어진 자는 구릉과 같아 오히려 넘을 수 있지만
중니는 해와 달과 같아 넘을 수가 없다. 사람들이 비록 스스로 끊고자 하나 어찌 해와 달에게 손상이 되겠는가.
다만 자신의 분수를 알지 못함을 보일 뿐이다."

• 毁 훼방할 훼 陵 큰언덕 릉 踰 넘을 유 多 다만 다

25-1_ 陳子禽이
진자금

謂子貢曰 子爲恭也언정
위자공왈 자위공야

仲尼豈賢於子乎리오
중니기현어자호

子貢曰 君子一言에
자공왈 군자일언

以爲知(智)하며
이위지 (지)

一言에 以爲不知니
일언 이위부지

言不可不愼也니라
언불가불신야

陳子禽이

謂子貢曰 子爲恭也언정

仲尼豈賢於子乎리오

子貢曰 君子一言에

以爲知(智)하며

一言에 以爲不知니

言不可不愼也니라

진자금이 자공에게 말하였다.

"그대가 스승을 공경할지언정 중니가 어찌 그대보다 낫겠는가."

자공이 말하였다.

"군자는 한 마디 말에 지혜롭다 하며 한 마디 말에 지혜롭지 않다 하는 것이니, 말을 조심하지 않을 수 없다."

25-2_ 夫子之不可及也는
부 자 지 불 가 급 야

猶天之不可階而升也니라
유 천 지 불 가 계 이 승 야

夫子之得邦家者인댄 所謂立之斯立하며
부 자 지 득 방 가 자　　　소 위 립 지 사 립

道(導)之斯行하며 綏之斯來하며
도 (도) 지 사 행　　　수 지 사 래

動之斯和하여 其生也榮하고
동 지 사 화　　　기 생 야 영

其死也哀니 如之何其可及也리오
기 사 야 애　　　여 지 하 기 가 급 야

夫子之不可及也는

猶天之不可階而升也니라

夫子之得邦家者인댄 所謂立之斯立하며

道(導)之斯行하며 綏之斯來하며

動之斯和하여 其生也榮하고

其死也哀니 如之何其可及也리오

"부자를 따를 수 없음은 마치 하늘을 사다리로 오를 수 없는 것과 같다.
부자께서 방가(나라)를 얻으신다면 이른바 '세우면 이에 서고 인도하면 이에 따르고 편안하게 해주면 이에 따라오고
고무시키면 이에 화하여, 그 살아 계시면 영광스럽게 여기고 죽으면 슬퍼한다.'는 것이리니, 어떻게 따라갈 수 있겠는가."

• 升 오를 승   綏 편안할 수

堯曰 第二十

1-1 堯曰 咨爾舜아 天之曆數 在爾躬하니
요왈 자이순 천지력수 재이궁

允執其中하라
윤집기중

四海困窮하면 天祿이 永終하리라
사해곤궁 천록 영종

堯曰 咨爾舜아 天之曆數 在爾躬하니

允執其中하라

四海困窮하면 天祿이 永終하리라

요(堯)임금이 말씀하셨다.
"아! 너 순아, 하늘의 역수가 너의 몸에 있으니, 진실로 그 중도를 잡아라.
사해가 곤궁하면 하늘의 녹이 영원히 끊길 것이다."

• 咨 탄식할 자 曆 책력 력 躬 몸 궁 允 진실로 윤

1-2__ 舜이 亦以命禹하시니라
순 역이명우

日 予小子履는
왈 여소자리

敢用玄牡하여
감용현모

敢昭告于皇皇后帝하노니
감소고우황황후제

舜이 亦以命禹하시니라

日 予小子履는

敢用玄牡하여

敢昭告于皇皇后帝하노니

- 순(舜)임금 또한 이 말씀으로써 우(禹)에게 훈계하셨다.
  탕왕이 말씀하셨다.
  "나 소자 리는 검은 희생(현모)을 써서 감히 거룩하신 상제께 밝게 아룁니다."

- 履 밟을 리 玄 검을 현 牡 수컷 모(무) 昭 밝을 소

1-3_ 有罪不敢赦하며 帝臣不蔽하여
유 죄 불 감 사　　제 신 불 폐

簡在帝心하니이다
간 재 제 심

朕躬有罪는 無以萬方이요
짐 궁 유 죄　　무 이 만 방

萬方有罪는 罪在朕躬하니라
만 방 유 죄　　죄 재 짐 궁

有罪不敢赦하며 帝臣不蔽하여

簡在帝心하니이다

朕躬有罪는 無以萬方이요

萬方有罪는 罪在朕躬하니라

"죄가 있는 자를 제가 감히 용서하지 못하며, 상제의 신하를 제가 감히 엄폐하지 못하여,
인물을 간택함이 상제의 마음에 달려 있습니다."
또 제후들에게 말씀하셨다.
"내 몸에 죄가 있음은 만방 때문이 아니요, 만방에 죄가 있음은 그 책임이 내 몸에 있다."

• 簡 가릴간 朕 나짐

1-4_ 周有大賚하신대 善人이 是富하니라
주 유 대 뢰 　 선 인 　 시 부

雖有周親이나 不如仁人이요
수 유 주 친 　 불 여 인 인

百姓有過는 在子一人이니라
백 성 유 과 　 재 여 일 인

謹權量하며 審法度하며 修廢官하신대
근 권 량 　 심 법 도 　 수 폐 관

四方之政이 行焉하니라
사 방 지 정 　 행 언

周有大賚하신대 善人이 是富하니라

雖有周親이나 不如仁人이요

百姓有過는 在子一人이니라

謹權量하며 審法度하며 修廢官하신대

四方之政이 行焉하니라

> 주(周)나라에서 큰 줌이 있으니, 선인이 이에 부유하게 되었다.
> "비록 지극히 가까운 친척[주친]이 있더라도 어진 사람만 못하며, 백성들의 과실은 책임이 나 한 사람에게 있다."
> 권(權)과 양(量)을 삼가고 법도를 살피며 폐지된 관직을 다시 닦으시니, 사방의 정치가 제대로 행해졌다.

• 賚 줄 뢰　子 줄 여　權 저울추 권

1-5_ 興滅國하며 繼絶世하며 擧逸民하신대
흥멸국 계절세 거일민

天下之民이 歸心焉하니라
천하지민 귀심언

所重은 民食喪祭러시다
소중 민식상제

寬則得衆하고 信則民任焉하고
관즉득중 신즉민임언

敏則有功하고 公則說이니라
민즉유공 공즉열

興滅國하며 繼絶世하며 擧逸民하신대

天下之民이 歸心焉하니라

所重은 民食喪祭러시다

寬則得衆하고 信則民任焉하고

敏則有功하고 公則說이니라

멸망한 나라를 일으켜 주고 끊어진 대를 이어 주고 일민을 등용하시자, 천하의 민심이 돌아왔다.
소중히 여겼던 것은 백성의 식(식량)과 상례와 제례였다.
너그러우면 민중을 얻고 신의가 있으면 백성들이 신임하고 민첩하면 공이 있고 공정하면 기뻐한다.

• 逸 숨을 일 敏 민첩할 민

2-1_ 子張이 問於孔子曰
자 장 문 어 공 자 왈

何如라야 斯可以從政矣니잇고
하 여 사 가 이 종 정 의

子曰 尊五美하며
자 왈 존 오 미

屛四惡이면 斯可以從政矣리라
병 사 악 사 가 이 종 정 의

子張이 問於孔子曰

何如라야 斯可以從政矣니잇고

子曰 尊五美하며

屛四惡이면 斯可以從政矣리라

● 자장이 공자께 묻기를 "어떠하여야 정사에 종사할 수 있습니까?" 하니,
공자께서 "오미를 높이고 사악을 물리치면 정사에 종사할 수 있다." 하셨다.

● 屛 물리칠 병

2-2_

子張曰 何謂五美니잇고
자 장 왈 하 위 오 미

子曰 君子惠而不費하며
자 왈 군 자 혜 이 불 비

勞而不怨하며 欲而不貪하며
노 이 불 원 욕 이 불 탐

泰而不驕하며 威而不猛이니라
태 이 불 교 위 이 불 맹

子張曰 何謂五美니잇고

子曰 君子惠而不費하며

勞而不怨하며 欲而不貪하며

泰而不驕하며 威而不猛이니라

자장이 "무엇을 오미라 합니까?" 하고 묻자, 공자께서 "군자는 은혜롭되 허비하지 않으며, 수고롭게 하되 원망하지 않으며, 하고자 하면서도 탐하지 않으며, 태연하면서도 교만하지 않으며, 위엄이 있으면서도 사납지 않다." 하셨다.

- 費 쓸 비, 허비할 비 貪 탐할 탐 泰 클 태 驕 교만할 교 威 위엄 위 猛 사나울 맹

2-3__ 子張曰 何謂惠而不費니잇고
자장왈 하위혜이불비

子曰 因民之所利而利之니
자왈 인민지소리이리지

斯不亦惠而不費乎아
사불역혜이불비호

擇可勞而勞之어니 又誰怨이리오
택가로이로지　　　우수원

欲仁而得仁이어니 又焉貪이리오
욕인이득인　　　우언탐

子張曰 何謂惠而不費니잇고

子曰 因民之所利而利之니

斯不亦惠而不費乎아

擇可勞而勞之어니 又誰怨이리오

欲仁而得仁이어니 又焉貪이리오

자장이 "무엇을 은혜롭되 허비하지 않는 것이라 합니까?" 하고 묻자,
공자께서 "백성들이 이롭게 여기는 것을 인하여 이롭게 해주니, 이것이 은혜롭되 허비하지 않는 것이 아니겠는가.
수고롭게 할 만한 일을 가려서 수고롭게 하니, 또 누가 원망하겠는가. 인(仁)을 하고자 하여 인을 얻으니 또 무엇을
탐하겠는가."

• 擇 가릴 택

2-4_ 君子는 無衆寡하며 無小大히 無敢慢하나니
군자 무중과 무소대 무감만

斯不亦泰而不驕乎아
사 불역태이불교호

君子는 正其衣冠하며 尊其瞻視하여
군자 정기의관 존기첨시

儼然人望而畏之하나니
엄연인망이외지

斯不亦威而不猛乎아
사 불역위이불맹호

君子는 無衆寡하며 無小大히 無敢慢하나니

斯不亦泰而不驕乎아

君子는 正其衣冠하며 尊其瞻視하여

儼然人望而畏之하나니

斯不亦威而不猛乎아

"군자는 상대방이 많거나 적거나 크거나 작거나에 관계없이 감히 교만하지 않으니,
이것이 태연하면서도 교만하지 않은 것이 아니겠는가.
군자는 의관을 바르게 하며 첨시(봄)를 존엄(공경)히 하여 엄숙해서 사람들이 바라보고 두려워하니,
이것이 위엄이 있으면서도 사납지 않은 것이 아니겠는가." 하셨다.

• 慢 게으를 만 冠 갓 관 瞻 볼 첨 儼 엄숙할 엄

2-5_ 子張曰 何謂四惡이닛고
　　　자 장 왈 하 위 사 악

子曰 不敎而殺을 謂之虐이요
자 왈 불 교 이 살 　위 지 학

不戒視成을 謂之暴요
불 계 시 성 　위 지 포

慢令致期를 謂之賊이요
만 령 치 기 　위 지 적

猶之與人也로되 出納之吝을 謂之有司니라
유 지 여 인 야 　출 납 지 린 　위 지 유 사

子張曰 何謂四惡이닛고

子曰 不敎而殺을 謂之虐이요

不戒視成을 謂之暴요

慢令致期를 謂之賊이요

猶之與人也로되 出納之吝을 謂之有司니라

● 자장이 "무엇을 사악이라 합니까?" 하고 묻자,
공자께서 "미리 가르치지 않고 죽이는 것을 학(虐)이라 하고, 미리 경계하지 않고 성공을 책하는 것을 포(暴)라 하고,
명령을 태만히 하고 기일을 각박하게 하는 것을 적(賊)이라 하고,
똑같이 남에게 주면서도 출납할 때에 인색하게 하는 것을 유사라고 한다." 하셨다.

● 賊 해칠 적 吝 인색할 린

3_ 子曰
자 왈

不知命이면 無以爲君子也요
부 지 명　　　무 이 위 군 자 야

不知禮면 無以立也요
부 지 례　　무 이 립 야

不知言이면 無以知人也니라
부 지 언　　　무 이 지 인 야

子曰

不知命이면 無以爲君子也요

不知禮면 無以立也요

不知言이면 無以知人也니라

공자께서 말씀하셨다.
"명(命)을 알지 못하면 군자가 될 수 없고, 예(禮)를 알지 못하면 설 수 없고, 말을 알지 못하면 사람을 알 수 없다."

- 爲 위할 위

배우고 익히는 논어 3 · 반듯반듯 고전 따라쓰기

1판 1쇄 인쇄 2015년 8월 31일
1판 1쇄 발행 2015년 9월 8일

지은이 성백효
총괄기획 권희준
디자인 씨오디

발행처 한국인문고전연구소
발행인 조옥임
출판등록 2012년 2월 1일 (제 406 - 2012 - 000027호)
주소 경기도 파주시 미래로 562
전화 02 - 323 - 3635 **팩스** 02 - 6442 - 3634
이메일 books@huclassic.com

ISBN 978 - 89 - 97970 - 20 - 9 04140